N & K

Erwin Koch

Von dieser Liebe
darf keiner wissen

Wahre Geschichten

Nagel & Kimche

1 2 3 4 5   17 16 15 14 13

© 2013 Nagel & Kimche
im Carl Hanser Verlag München
Herstellung: Andrea Mogwitz und Rainald Schwarz
Satz: Gaby Michel, Hamburg
Druck und Bindung: Friedrich Pustet
ISBN 978-3-312-00557-4
Printed in Germany

Von dieser Liebe
darf keiner wissen

Eigentlich eine
Liebesgeschichte

Sarah fasst sich ans Becken, rechte Seite, und stöhnt auf, es ist 17 Uhr, längst finster im Dorf am 8. Dezember 2007, ein Samstag, die Welt riecht nach Schnee.

Was hast du?, fragt die Mutter.

Hier tut es weh.

Du hast dich gestoßen?

Hab ich nicht, sagt Sarah und schweigt.

Sarah ist vierzehn, schmal und hoch, sie ist stolz auf ihr langes, üppiges Haar, am liebsten spielt Sarah Klavier, tanzt, seit sie gehen kann.

Ein Muskel, wohl angerissen, vielleicht vom Turnen in der Schule, bei jungen wilden Damen keine Seltenheit, lacht der Kinderarzt und empfiehlt drei Tage Ruhe, Schmerztabletten und Krücken bei Bedarf, Mittwoch.

Sarah legt sich vor den Fernseher, Gute Zeiten, schlechte Zeiten, Rigiweg 4, Erdgeschoss links, die Mutter holt Pizza, es schneit.

Wenn sie groß ist, wird Sarah nach Amerika auswandern. Dort war sie im letzten Sommer bereits, sechs Wochen lang mit den Eltern und der Schwester, New York, Boston, Las Vegas, Bryce Canyon, Monument Valley, Grand Canyon, Death Valley, San Francisco, Monterey, Los Angeles, Universal Studios, Disneyland, Sarah schlief neben dem Vater, Nacht für Nacht, die Schwester neben der Mutter, einmal

7

sollte Sarah neben die Schwester, die zwei Jahre jünger ist, goht's no?, neben der schlafe ich nicht! – Sarah schlief am Boden.

Eine Knochenentzündung vielleicht, sagt der Arzt am 17. Dezember 2007, Montag, und ruft das Kinderspital Luzern an.

Zwei Stunden später, die Mutter an der Seite, sitzt Sarah im Krankenhaus und wartet, bis man ihr eine Nadel in die Vene steckt und Blut abnimmt, sie wartet, bis jemand ihr Becken abtastet, ihre Hüfte, geh in die Hocke!, streck jetzt das Knie!, spreiz die Beine!, man möchte, um sicher zu gehen, eine MRT machen, Magnetresonanztomographie.

Das tut nicht weh, sagt die Mutter.

Und wenn doch?

Dann geht's vorbei, sagt Mami.

Platzangst in der Röhre.

Sie leide, soweit man sehe, nicht an einem bakteriellen Infekt, sondern an einem rheumatischen. Um anderes auszuschließen, werde man morgen oder übermorgen dem Knochenmark eine Probe entnehmen, keine Angst, Sarah.

Ob einem davon schlecht werde, fragt sie. Wenn ich etwas hasse, dann das Kotzen.

Die Mutter fährt zurück ins Dorf, holt Kleider und Sarahs Handy, 079 273 61 64.

Hey. Bin ab sofort im Schpital. OMG. 2 Woche lang. Chnocheentzöndig. U Sarah

OMG, o mein Gott.

U, Umarmung.

Sarah ist schlecht, als sie am Dienstag in 1 West erwacht.

Warum weinst du, Mami?

Am Mittwoch, 19. Dezember 2007, sitzen Vater und Mutter in einem engen düsteren Raum des Kinderspitals Luzern, 1 West 117, zwei Tische darin, zwei Bildschirme, Ordner,

Neon leuchtet, zwei Ärzte sind da, eine Pflegerin, und einer beginnt zu reden, er sagt: Im Knochenmark Ihrer Tochter sind Zellen, die dort nicht hineingehören.

Im Knochenmark Ihrer Tochter sind Zellen, die dort nicht hineingehören.

Zellen, die dort nicht hineingehören.

Leukämie, ein Lymphoblastisches Lymphom vom Precursor-B-Typ, Stadium drei, noch sehr jung, Gottlob.

Was genau ist Leukämie?, fragt der Vater.

Und die Mutter, sie weiß nicht weshalb, ahnt, Sarah wird sterben. Sie dreht sich zu ihrem Mann und sieht ihn weinen, sie legt ihre Hand auf seine, er zieht sie weg.

Endlich treten sie an Sarahs Bett, Station 1 West, zwei Ärzte, Vater, Mutter.

Sarah, was dir weh tut, hat einen Namen, Leukämie.

Blutkrebs, sagt der Arzt.

Und Sarah, langes rötliches Haar, lacht heiser auf.

Aber die Wahrscheinlichkeit, dass du wieder gesund wirst, ist groß.

Neunzig Prozent.

Ist doch gut, sagt Sarah und blickt zum Vater.

Hört auf zu heulen, sagt sie, ich habe noch vieles vor, wer heult, soll raus.

Die Mutter ruft ihre Eltern an, der Vater Sarahs Lehrer, man verliere keine Zeit, sagt der Arzt, schon übermorgen beginnt die erste Therapie, keine eigentliche Chemotherapie, eher Vorbereitung, Cortison.

Scheiße. Leukämie. Bluetchräbs. OMG U.

Donnerstag, Sarah liegt im Operationssaal, zwei Ärzte beugen sich über sie, setzen unterhalb des rechten Schlüsselbeins einen Port-a-Cath, einen Langzeitkatheter, der in Sarahs Vene führt.

2 West 224, das Eckzimmer.

Mami, ich will nicht, dass die Leute an meinem Bett heulen.

Und die Mutter weiß, Sarah wird sterben, erzählt es keinem.

Wenn Sarah wieder gesund ist, will sie zuerst zwei Katzen und dann nach Amerika.

21.12.07, Zytoreduktive Vorphase

40 mg Prednison

Dann 30 mg

20 mg

12 mg Methotrexat i.th.

Eine Katze wird Luna heißen, die andere Mickey.

Kurz vor Mitternacht, Sonntag, 23. Dezember 2007, setzt der Vater eine E-Mail in die Welt: Geschätzte Verwandte, Bekannte, Kolleginnen, Kollegen und Freunde aller Art, wir müssen uns diesem Kampf stellen, und wir wollen und werden ihn gewinnen! Schließt uns ein in eure Gedanken, Hoffnungen, Gebete oder in was auch immer.

Den Infusionsständer, der an ihrer Seite ist, nennt Sarah Bello, es ist Heiligabend, Vater, Mutter, Schwester, die Großeltern, einige Freunde sitzen im Kindergartenraum des Kinderspitals und singen O du fröhliche, Sarahs Taufpate hat einen Weihnachtsbaum gebastelt, Sperrholz, bezogen mit grünem Filz, Kugeln hängen daran, Schokolade, Sarah bekommt eine Kamera geschenkt, sie fotografiert den Schrank, das Bett, die Pflegerinnen, Bello, die Mutter, wie sie neben dem Bett sitzt und lächelt, als sie, Sarah und Mami, Pizza essen, dann fernsehen, Upps! Die Pannenshow.

Sarah hat Hunger. Ständig hat sie Hunger. Pizza, Ravioli, Pizza, Braten, Käse, Pizza. Manchmal ruft sie die Mutter zu Hause an, bring mir Fleischkrapfen, aber nicht irgendwelche, sondern die, die Großmutter macht, bring mir Pizza, ich sterbe vor Hunger.

Dieser Hunger sei, sagt der Arzt, nicht außergewöhnlich, eine Folge der Medikamente, kein Grund zur Sorge.

Sarah bestellt die Dorfcoiffeuse ins Zimmer, Sarah will nicht, dass ihr Haar, wenn die Chemotherapie beginnt, in Strähnen ausfällt, die Coiffeuse kürzt das Haar auf Nackenlänge, die Mutter fotografiert, schön siehst du aus.

Das sagst du nur so, sagt Sarah.

Schnitzel

Wienerli

Kartoffelauflauf

Der Arzt sagt: Deine Blutwerte sind gut, an Silvester geht's nach Hause.

Müde und bleich sitzt Sarah vor ihrem Laptop, Rigiweg 4, Erdgeschoss links, es ist Neujahr, Sarah schaut Friends. Immer wieder fährt die Mutter sie ins Spital zur Chemotherapie.

Prednison

Vincristin

Daunorubicin

E. coli Asparaginase

Methotrexat i.th.

Im Fernsehen lässt Sarah keine Kochsendung aus, Das perfekte Promi-Dinner, Die Küchenschlacht, Teufels Küche, Sarah beschließt, ein Kochbuch zu schreiben, Frühlingsrollen, Eiersalat, Maccheroni alle cinque Pi, Jakobsmuscheln auf Nudelnest, Hot Dogs mit Sauerkraut, den Grill anheizen, die Würstchen auf beiden Seiten quer leicht einritzen und mit Öl bestreichen, das Sauerkraut ausdrücken und in eine geölte Aluschale füllen. Die Würstchen rundum ca. 10 Min hellbraun grillieren.

Wenn es ihr gutgeht, sitzt Sarah am Klavier und spielt mit der Schwester, mit der Mutter, manchmal spielen alle drei, sechs Hände, Mami ganz links, die Schwester in der Mitte, Sarah bei den hohen Tönen, rechts.

Ich will nach Amerika.

Die Coiffeuse kommt nach Hause, Mitte Januar 2008, kürzt Sarahs Haar auf fünf Millimeter.

Jetzt sehe ich aus wie ein Bub.

Schön, wie Sinead O'Connor, sagt die Mutter.

Wer ist das?

Wenn du willst, sagt Mami, schneide ich mein Haar so kurz wie du.

Einmal klingelt es an der Tür, die Schwester rennt los, Scheiße, schreit Sarah, mach erst auf, wenn ich mein Kopftuch anhabe.

Scheiße, schreit Sarah, mach nicht so laut.

Lass mich in Ruhe.

Sarahs Heftigkeit, ihre Aggressivität, sagt der Arzt, sei nicht ungewöhnlich, wohl auch Folge der Medikamente.

28.01.08, Induktion Phase I/b

Cyclophosphamid

Cytarabin

6-Mercaptopurin

Eine Pflegerin kommt ins Haus, drückt das Mittel in den Port-a-Cath, der in Sarahs Brust steckt, viermal in der Woche, Sarah liegt auf dem Sofa, weiß und haarlos, der Bauch tut weh, sie isst kaum, Verbotene Liebe, Marienhof, Sarah schläft weg, erwacht, hau ab, du dumme Kuh, lass mich in Ruhe, blöder Oberdepri.

Die Kinderkrebshilfe schenkt Sarah zweihundert Franken. Sarah bestellt zwei Blumensträuße, einen für den Vater, einen für die Mutter, Gutscheine für die Schwester. An Sarahs Rücken, Gesäß und Hüfte leuchten rote Streifen, kein Grund zur Sorge, sagen die Ärzte, nicht ungewöhnlich, erhebliche

Hyperammoniämie, zu viel Ammoniak im Blut, leichte Nebenniereninsuffizienz.

Der Vater, Finanzfachmann, geht täglich zur Arbeit, er weint heimlich, kommt abends wieder und schweigt, hält sich fest am Glück der ersten Jahre, als er Sarah im Tragetuch hatte, als Sarah, umgeben von zehn Schnullern, im Bettchen schlief und erwachte, sobald er das Zimmer verließ, als er, noch kein Jahr her, mit Sarah am Rand des Grand Canyon stand, er und Sarah, seine Älteste, sprachlos im Licht der aufgehenden Sonne.

Machen Sie Sport!, rät die Psychologin.

Es ist die Krankheit, die Sarah so macht, tröstet die Mutter den Vater.

In ihren Ohren hört Sarah den Puls, der Kopf schmerzt, für den Gang ins Bad ist Sarah zu schwach, die Mutter bringt sie ins Spital, Bluttransfusion, ein Beutel, zwei Beutel, o positiv.

Sarah erbricht.

In Amerika führe ich ein Café, am liebsten in Colorado.

Einmal sitzen beide Eltern an ihrem Bett, 2 West 224, und Sarah sagt zur Mutter: Sag dem Typ neben dir, er soll verschwinden.

Im System Familie, Herr M., haben Sie eine wichtige Funktion, die des Blitzableiters, des Sündenbocks, sagt die Psychologin.

Der Vater versucht es mit Squash – die Achillessehne reißt.

Sarah notiert: Wie ein Fisch sehe ich nun aus, mein Kopf ist ein Mond.

Am 26. Februar 2008 beendet Sarah den zweiten Chemoblock, zwei Wochen später beginnt sie den nächsten, Protokoll M.

Schön bist du, sagt die Mutter, die jetzt immer neben ihr ist, vier Tage im Spital, zehn zu Hause, vier im Spital, zehn zu Hause.

6-Mercaptopurin

HD – Methotrexat

Leucovorin Rescue

Ist es schon Sommer?

Bald, sagt Mami.

Wie geht es Papi?

Er humpelt an Krücken.

Mami?

Ja?

Sag Papi, dass ich ihn mag.

Ist Sarah zu Hause im Dorf, liegt sie auf dem Sofa, schaut Friends auf DVD, zehn Staffeln, 236 Episoden, 86 Stunden. Ist sie im Spital, wacht die Mutter im Nebenbett, MTV, A Shot at Love mit Tila Tequila, sie kichern, so ein Quatsch!, irgendwann löschen sie das Licht und stellen sich die Krankheit Krebs vor, runde Wesen mit Beinen und Armen, Augen und Nasen, schwarze und weiße. Die weißen tragen Helme und schlagen auf die schwarzen ein, sie schreien und wüten, treiben die Gegner hinaus über eine Klippe, jetzt habe ich wieder einen erwischt, jubelt Sarah, ich auch, sagt die Mutter.

Wie geht es dir heute?, fragt der Arzt.

Gut, lügt Sarah.

Lumbalpunktion zwischen dem dritten und vierten Lendenwirbel, einmal im Monat, es tut nicht mehr weh.

Ein trauriger Clown bin ich, notiert Sarah in ihr Heft.

Sie weint nicht vor Fremden.

Nachts hört die Mutter sie wimmern.

Sarah?

Lass mich.

Oder ich könnte in Amerika, statt Wirtin, Wedding Planner werden.

19.05.08, Re-Induktion Phase II/a

05.07.08, Re-Induktion Phase II/b

6-Thioguanin

Cytarabin

Methotrexat i.th.

Sie kann nicht mehr stehen, Sarah hat Durchfall, ein Rotavirus, hoch ansteckend. Sarah liegt auf der Infektabteilung, wer zu ihr tritt, ist in Kunststoff gehüllt, Sarah schweigt und starrt zur Decke, hört Radio Pilatus, zu schwach, sich zu drehen, wenn eine Pflegerin sie wäscht.

Hat sie wieder die Kraft dazu, schickt Sarah eine SMS, hey, hier sind Hölle und Teufel los.

Bluttransfusion.

Ein Pilz in der Lunge.

Die Ärzte versuchen es mit AmBisome, Sarah erwacht, die Wirbelsäule brennt.

Mami! Mami!

Es ist elf Uhr nachts, die Mutter im Nebenraum, Sarah ruft sie an, 079 273 61 64, und schreit vor Angst: Mami, wo bist du?

Eine Pflegerin hört die Schreie und ruft den Arzt: Sofort röntgen, jetzt ist der Darm geplatzt, jetzt müssen die Chirurgen her, aber man kann sie ja nicht operieren, geht nicht, ihre Blutwerte sind zu schlecht, sie wird uns verbluten, geht nicht.

In ihrem Bett rollen sie Sarah zur Radiologie, die Mutter wartet, kauert sich hin, Eis auf den Armen, um nicht ohnmächtig zu werden. In ihrem Bett rollen sie Sarah zurück auf 2 West. Und plötzlich rennt der Arzt aus dem Lift, atemlos und glücklich: Der Darm ist ganz.

Und irgendwann in der Nacht steht der Vater neben Sarah, Tränen in den Augen, und sagt: War wohl Fehlalarm.

Behalt deinen Senf für dich, sagt Sarah.

AmBisome auch am nächsten Tag, am übernächsten, noch sieben Mal.

Wieder brennt die Wirbelsäule.

Eine Pflegerin greift zum Schmerzmittel, Nubain, das Licht tut weh, jeder Ton, man verdunkelt den Raum und flüstert, Sarah lacht auf, sie beginnt zu gackern, zu reden, Sarah sieht Pizze durch die Luft fliegen, wie Schmetterlinge flattern sie durch 2 West, aber lieber als Pizze hat Sarah jetzt Beeren, Himbeeren, Erdbeeren, Brombeeren, Mami, ich will jetzt Erdbeeren!, Sarah redet drei Stunden lang, vier, fünf, sie redet über Amerika, wie schön es dort sei, Amerika ist das Beste überhaupt, dort gibt es alles, Wüste, Wald, Meer, Stadt, Land, Dschungel, Wolkenkratzer, Nebel, Sonne, Schnee, Bären, Seelöwen, Krokodile, dort fährst du stundenlang und siehst kein Haus, aber hier in der Schweiz, ach Scheiße, hier ist alles so eng, so klein und niedrig, aber in Amerika, wenn du dort, zum Beispiel in der Wüste von Nevada, wenn du dort an einer Tankstelle bist und nicht weißt, wo du heute Nacht schläfst oder welche Straße nach Las Vegas führt, immer hilft dir jemand, immer, ist es nicht so?, gib Antwort!, es ist doch so.

Keine Brauen mehr, keine Wimpern.

Sarah lackiert ihre Nägel.

Sie kann nicht mehr gehen.

Der Arzt sagt: Wir sind auf den letzten hundert Metern.

Am 2. Juli 2008 wird der Vater vierzig, Sarah darf nach Hause, sie sitzt im Rollstuhl, ein Freund aus Amerika ist gekommen, man isst Pizza, fotografiert sich am Tisch, Sarah, haarlos und weiß, lacht in die Kamera.

Die Sarah, die ich kannte, bin ich nicht mehr. Oberbeschissen sehe ich aus.

18.07.08, 6-Thioguanin, 94 mg, die letzte Portion, das Ende der Chemotherapie.

Die Mutter packt den Rollstuhl ins Auto, eine Schachtel Medikamente und hilft Sarah auf den Sitz, dann queren sie die Alpen und fahren acht Stunden weit, überraschen Vater und Schwester abends in einem Restaurant am Meer von Follonica.

Wäre nicht passiert, was passiert ist, wäre ich jetzt eine andere, notiert Sarah.

Aber wer bin ich?

04.08.08, Beginn der Erhaltungstherapie, Methotrexat montags, Purinethol täglich auf nüchternen Magen, Antibiotika von Mittwoch bis Freitag, Blutanalyse immer montags beim Kinderarzt, Anzahl Leukozyten pro Mikroliter, Anzahl Thrombozyten, Blutmenge.

Sarah lernt wieder gehen.

Acht Monate Chemo: lang und anstrengend. Mit Höhen und Tiefen. Aber ich habe sie gemeistert.

Sarah, nun fünfzehn, wiederholt die zweite Sekundarklasse, sie fehlt oft, ist schwach und matt, kommt sich fremd vor – die kichern ja nur!

Gib ihnen Zeit, sagt die Mutter.

Sarah hält in der Schule einen Vortrag: Unter Chemotherapie versteht man eine Behandlung mit hochgiftigen Medikamenten. Sie zielt darauf, die Krebszellen im Körper vollständig zu vernichten. Leider schadet die Chemotherapie auch gesunden Zellen.

Am 28. August 2008, nachts um halb elf, schreiben die Eltern ihren Freunden: Wir genießen die Möglichkeit, ohne Angst durchs Leben zu gehen. DANKE!

Einst schwänzte Sarah jedes Klassenlager, nun will sie ins Klavierlager, jeden Morgen bringt die Mutter sie hin, holt sie am Abend, Sarah glüht auf, Oktober 2008.

Noch schmerzen die Beine, der Rücken.

Das kommt wohl vom Liegen, sagt der Vater.

Ich will nach Amerika, ein Austauschjahr in Amerika, ich will.

Später, sagt der Vater, wenn die Erhaltungstherapie zu Ende ist.

Eine aus der Klasse hat einen Bruder, der hatte Darmkrebs, Mami, was für schöne Hände der hat, so schöne Augen. Mit dem kann man vernünftig reden.

Die Mutter schenkt künstliche Wimpern, Sarah richtet ihr Zimmer neu ein, es ist jetzt Februar 2009.

Der versteht mich total.

♥ English – I love you ♥

♥ Afrikaans – Ek het jou lief ♥

♥ Albanian – Te dua ♥

♥ Arabic – Ana behibak ♥

♥ Armenian – Yes kez sirumen ♥

♥ Bambara – M'bi fe ♥

♥ Bangla – Aamee tuma ke bhalo aashi ♥

♥ Belarusian – Ya tabe kahayu ♥

Aus Deutschland, www.peruecken24.de, lässt die Mutter drei Perücken zur Ansicht schicken, Sarah entscheidet sich für New Phyllis, tizianrot. Monate später, April 2009, verlängert sie ihr Haar, das wieder gewachsen ist, mit dem Haar einer Fremden, die Prozedur dauert Stunden, dann sitzt Sarah im Auto der Mutter und fotografiert sich mit dem Handy, glücklich, aufgeregt, schickt ihrem Freund ein erstes Bild.

Ende Mai feiert die Familie ein Dankesfest, Sarah trägt einen weißen Rock, eine schwarze Bluse mit weißen Tupfen, zwei goldene Herzen am Hals, der Vater steht am Gartengrill. Und Sarah, das Gesicht aus Glück, hält eine Rede, beschenkt Freunde und Verwandte, den Eltern reicht sie ein großes Plakat: Ohne euch hätte ich das nicht geschafft, Gutschein für ein Verwöhnungsprogramm à la Sarah, morgens von ca. 8.30 bis ca. 24 Uhr, Datum wird noch bekannt gegeben, HEMG.

Habe euch megagern.

Dann reicht Sarah dem Vater die Hand, umarmt die Mutter und weint.

Meine Rolle, denkt der Vater.

Und die Mutter weiß: Wie wunderbar, dass ich mich irrte.

Am nächsten Morgen erwacht Sarah mit Schmerzen im Becken, sie will ins Spital, Morphium oder irgendwas, Hauptsache, es tut nicht mehr weh, man untersucht, redet davon, dass Sarah ihre Muskeln, Bänder und Sehnen überanstrengt habe.

Physiotherapie.

Mit einer Freundin gründet sie die Band Caramel Coffee, Sarah am Klavier, die Freundin am Mikrophon, Caramel, weil Sarah Karamell mag, Coffee, weil die Freundin Kaffee liebt.

Ein neues Leben ist gewonnen. Eine neue Ansicht der Welt. Ich habe Dinge hinter mir, die andere nie erleben werden.

Sarahs Haar wird lang und länger, rötlicher als zuvor.

Purinethol täglich auf nüchternen Magen, Antibiotika von Mittwoch bis Freitag.

Es wird Sommer 2009, Familie M. fährt nach Follonica ans Meer, Sarahs Freund ist dabei, einmal tut das Auge weh, dann das Becken, die Beine, Sarah schwimmt nur wenig, streitet mit der Schwester, du Kuh. Im September macht sie

Schluss mit dem Freund, zu viel Krebs auf einem Haufen, sagt Sarah.

Sie richtet ihr Zimmer neu ein, alles weiß, einer hilft ihr dabei, ein Kollege aus dem Dorf, zwei Jahre älter als Sarah, M.

Nachts erwacht sie vor Schmerzen.

Mit M. kann man reden wie mit niemandem sonst, der versteht einen besser als der Rest des Universums, riesenmegaabartigüberdimensionalgut.

Die Mutter verlangt eine Untersuchung im Kinderspital.

Falls keine körperliche Ursache zu entdecken sei, meint der Arzt, sei eine psychische zu vermuten.

Sarah ist sechzehn, ihr Austauschjahr bewilligt, 406 Eastwood Drive, Warner Robins, Georgia, United States of America.

Wieder sitzen die Eltern in einem kleinen Raum, zwei Ärzte vor sich, einer beginnt zu reden, Hüftnekrose, gewisse Teile des Oberschenkelknochenkopfes seien abgestorben, wohl verursacht vom Cortison, beidseitig und atypisch schnell, eine Operation ist angebracht, beidseitig, frühestens nach Abschluss der Erhaltungstherapie.

Immerhin spinne ich nicht.

Sie humpelt an Krücken, setzt sich ans Klavier, übt mit der Freundin das Lied Run von Leona Lewis, I'll sing it one last time for you, then we really have to go, immer wieder, und spielt es am Weihnachtskonzert der Schule fehlerfrei. Der Arzt ruft an, es ist Samstag, und redet mit der Mutter, die Mutter nickt und nickt.

Die Operation werde acht Stunden dauern.

Sarah wankt in ihr Zimmer und setzt sich aufs Bett und schweigt, schaut Fotos an, zusammengefasst zu einem bunten hellen Buch, Sarah M., Amerika 2007, 7. 7. – 18. 8.,

Bryce Canyon, Capitol Reef, Grand Canyon, Death Valley, Golden Gate, Disneyland.

Man wird, einfach erklärt, deine Oberschenkelhalsknochen durchtrennen, um fünfzig Grad drehen und wieder zusammensetzen, so, dass dein Gewicht auf den gesunden Teilen zu liegen kommt – und du wieder schmerzfrei gehen kannst.

20. Dezember 2009, Abschluss der Erhaltungstherapie.

Diesen großartigen Tag werden wir heute Abend feiern, schreiben die Eltern ihren Freunden.

Zwei Stunden nach der letzten Tablette hat Sarah, die nie Fieber hatte, Fieber.

Sie notiert: Hope dies last.

Sarah erwacht auf der Intensivpflegestation, Kinderspital Luzern, Spitalstrasse, vier Menschen stehen an ihrem Bett, Ärzte, Pflegerinnen, und bereden ein Schmerzmittel, Sarah, frisch operiert, wimmert, es ist der Nachmittag des 15. Januar 2010, Schläuche an Armen und Hüften, sie schläft ein, erwacht, dämmert weg, dann steht die Mutter neben ihr, auch der Freund, der staunt und schweigt, Sarah blutet aus einer Wunde, Pfleger heben sich hoch und wechseln die Tücher, Sarah schreit, dämmert weg.

Verlegung auf 1 West.

Die Großeltern schicken einen Musikballon, gefüllt mit Helium. Stößt Sarah ihn an, singt er Don't worry, be happy.

Bluttransfusion.

Kopfschmerzen.

Physiotherapie.

Sarah fotografiert ihre Narben, links, rechts, vierundzwanzig Zentimeter lang.

Eine Hüfte wie ein Elefant, schreibt sie.

Einmal sitzen beide Eltern an ihrem Bett, und Sarah sagt zur Mutter: Sag dem Typ neben dir, er soll jetzt verduften.

Eines Nachts, die Mutter im Nebenbett, flüstert sie: Weshalb ist man so, wie man ist?

Der Vater kommt nicht mehr ins Zimmer, gibt, was er abgeben muss, einer Pflegerin ab, Kleider, Bücher, Nagellack.

Das hat nichts mit dir zu tun, sagt seine Frau. Das ist die Krankheit.

Wenn das tröstet!, sagt er.

Im Internet, www.ricardo.ch, kauft der Vater ein schweres Krankenbett, elektrisch verstellbar, mit Freunden trägt er es ins Wohnzimmer, Erdgeschoss links, acht Wochen lang liegt Sarah auf dem Rücken und sieht hinaus in den Garten, Rigiweg 4, es ist Winter, auf der Küchenablage, Schachtel neben Schachtel, sind Medikamente, ein Duschstuhl steht im Raum, ein Rollstuhl, Desperate Housewives, Grey's Anatomy, Scheiße, schreit Sarah ihre Schwester an, mach nicht so laut, halt du doch endlich mal deine Fresse.

Bin ich Mensch oder Maschine?

Abends sitzt der Freund neben Sarah und hält ihre Hand.

Mami, bring mir mein Heft!

Mami, wann gibt es zu essen?

Mami, komm!

Kommt der Vater von der Arbeit, bleibt er vor der Tür stehen und wartet, holt Luft, tritt ein und schweigt.

Am 8. März 2010, im Zimmer des Arztes, steht Sarah wieder auf ihren Beinen, ein Schritt, zwei Schritte, drei, sie gurrt vor Glück.

Ich habe nun eine breitere Hüfte wegen diesen blöden Platten darin, notiert sie.

Sarah schreibt: Ohne Krücken werde ich bald nach Amerika düsen.

Es ist Mai, Sarah übt im Rehabilitationszentrum des Kinderspitals Zürich, Affoltern am Albis, fünf Wochen ist sie dort,

Physiotherapie, Wassertherapie, Trainingstherapie, Kletter-gruppe, Koordinationsgruppe, Massagen – allgemeiner Eindruck: Sarah ist eine freundliche, sehr reife und motivierte junge Frau.

Mir wird hier alles zu viel. Es ist Zeit, dass ich nach Amerika komme und neu beginne.

Bevor Sarah, begleitet von Eltern und Schwester, ins Flugzeug nach New York steigt, schreibt sie die Geschichte ihrer Krankheit auf, sechsundfünfzig Seiten, Cancer & I, auf dem Umschlag ein helles Bild, Sarah und ihr langes tizianrotes Haar.

Mit Eltern und Schwester will Sarah durch Amerika reisen, Washington, Philadelphia, Denver, San Francisco, Atlanta, und dann allein bei ihrer Gastfamilie bleiben, in Warner Robins, Georgia, ein wunderbares Jahr lang.

An Krücken steigt Sarah ins Flugzeug, LX 16, 11. Juli 2010, 09:55, im Rollstuhl verlässt sie den JFK Airport.

Sarah will sofort ins Hotel.

In Ocean City, Tag zehn in Amerika, lässt sie sich ein Tattoo auf den Nacken malen, Henna, etwas heller als ihr Haar.

Der zwölfte Tag führt hinauf nach Denver, Colorado. Der Schwester, als sie schon im Mietwagen sitzt, wird schlecht, die Mutter führt sie zur Toilette, die Schwester erbricht, aber Sarah will jetzt ins Hotel, verdammt, endlich ins Hotel, ich bin megamüde!

Die Welt dreht sich nicht allein um dich, sagt der Vater.

Sarah, weiß und wütend, hinkt zur Toilette: Wann kommt ihr endlich, verdammt, ich will ins Hotel.

Mir ist schlecht, sagt die Schwester.

Halt die Fresse!, lärmt Sarah.

Am nächsten Morgen, in Fairplay, 600 Einwohner, 120 Kilometer hinter Denver, sagt sie: Mami, mir geht's beschissen.

Im Internet findet der Vater eine Klinik, zwei Stunden von Fairplay entfernt, Frisco, Colorado, die Mutter setzt sich ans Steuer und quert, Sarah auf der Hinterbank, den Hoosier Pass, Kurve nach Kurve, Colorado State Route 9, es ist der 23. Juli 2010.

Thrombos 65.

65 000 Blutplättchen in einem Mikroliter Blut. Normal sind 300 000.

Die Mutter faxt die Zahl ans Kinderspital Luzern. Das antwortet sofort: Bitte lassen Sie Sarahs Blut noch einmal analysieren. Sind die Werte noch immer schlecht, ist ein Rückfall zu vermuten.

Noch 50.

Jetzt sei wohl nichts mehr auszuschließen, mailt das Kinderspital.

Also kommen wir nach Hause, schreibt die Mutter.

Am 28. Juli 2010 reisen Sarah und ihre Mutter von Salt Lake City nach San Francisco, von dort nach Zürich, vom Flughafen direkt ins Kinderspital Luzern, 2 West 226, der Vater und die Schwester folgen zwei Tage später.

Im Knochenmark Ihrer Tochter sind Zellen, die dort nicht hineingehören.

Ein Rückfall?

Vincristin

Daunorubicin

Der Vater schluckt Antidepressiva.

Sarah greift zur Schere, fasst sich ihr Haar, schneidet Strähne um Strähne ab, nackenlang, die Coiffeuse kommt aus dem Dorf gereist und bessert nach, die Mutter filmt, 4. August 2010. Eine Woche später ist die Coiffeuse wieder auf 2 West, kürzt das Haar auf zwei Millimeter.

Und wenn er mich jetzt so sieht?

Er liebt dich auch ohne Haare, sagt die Mutter.

Mami, bleib im Zimmer, wenn er kommt.

Ich habe eine Idee, sagt die Mutter. Er soll, bevor du das Kopftuch abnimmst, seine Hand unter das Kopftuch stecken, er soll zuerst fühlen, bevor er sieht.

Bleib hier, bittet Sarah.

Der Freund streichelt ihren Kopf, super siehst du aus.

In ihr Notizbuch schreibt Sarah die Namen der Restaurants, die sie besuchen wird, irgendwann später, 1 Mövenpick (Sushi), 2 Löwen, 3 Thai-Garden, 4 Old Swiss House (Schnitzel & Nudeln), 5 Hongkong, 6 Zum weißen Kreuz (ital. Pizza), 7 Walliser Kanne, 22. August 2010.

Sarah ist siebzehn.

Der Mutter, die meistens neben ihr ist, neben ihr lacht und schläft, schickt sie eine E-Mail nach Hause, sie möchte, schreibt Sarah, ihren Freund verwöhnen, aus Dankbarkeit für alles, seine Liebe, seine Treue, seine Geduld, Mami, was hältst du davon, wenn ich, falls meine Blutwerte dies zulassen und ich am Samstag nach Hause darf, wenn ich ihn so überrasche: Thrombosestrümpfe (cool, haha) / blauweiß gestreifter Tanga, den du mir in Amerika gekauft hast / grauer BH mit dem Steinchen dran, das du mir geschenkt hast / blaues Nachthemd, die Träger herunterhängend / schwarzweiß kariertes Kleid mit rotem Bändel / die tizianrote Perücke, Haare mit einer Klammer hochgesteckt, so dass nur Strähnchen hervorschauen / Ohrringe, die meinen Hals betonen, was sagst du dazu? Und würdest du bitte (falsche) Rosenblätter kaufen und damit mein Bett bestreuen? Und einen (echten) Strauß mit roten Rosen? Und kleine Kerzen aufstellen? Und eine weiße große Kerze und eine weiße mittlere Kerze? Und würdest du die alle anzünden, bevor ich mit ihm ins Zimmer gehe?

Kein Problem, Sarah. Nur denk daran, dass deine Scheide vielleicht trocken sein wird, im Badezimmer steht ein Fläschchen Öl, das kannst du aufs Kondom streichen, falls du das magst.

Dies sei kein Rückfall, sagen die Ärzte in ihrem kleinen düsteren Zimmer, sondern eine Zweiterkrankung, bedingt durch die Chemotherapien gegen die erste, Sarah, um genau zu sein, leide jetzt an einem Myelodysplastischen Syndrom, MDS, das sehr schnell zur einer Akuten myeloischen Leukämie, AML, geworden sei, die Heilungschance, es tut uns leid, liegt bei fünfundzwanzig bis fünfzig Prozent – falls wir geeignetes Knochenmark finden.

Sarah notiert: Myelodysplastisches Syndrom > MDS > Krebs > Blahblah!

Es ist Herbst.

Eine Freundin der Mutter bittet die Neue Luzerner Zeitung um einen Aufruf, 4. Oktober 2010: Helfen kann Sarah M. nur noch eine Knochenmarkspende. Doch die Zeit eilt.

Die Freundin gründet eine Facebookgruppe, Rettet Sarah – rettet Leben, im Lauf von zwei Wochen melden sich über tausend Menschen aus der Zentralschweiz, auch Familien, Firmen, Fasnachtsgruppen, die bereit wären, von ihrem Knochenmark zu geben, wenn es denn passt zu jenem von Sarah, krank seit drei Jahren.

Mein Lachen, sagen alle, das lieben sie, doch es ist gelogen, wie alles von mir. Das richtige Lachen, das habe ich verlernt, denn meine Tränen, die haben sich vermehrt. Jede Nacht werden sie mehr. Bis ich nicht mehr kann. Ich weine mich fast jeden Abend in den Schlaf. Von außen ist nichts zu sehen, 28. Oktober 2010, 01:48.

Lungenentzündung.

Hirnhautreizung.

Durchfall.

Liebe Verwandte, Bekannte, Kolleginnen, Kollegen und Freunde aller Art, es wurde ein Spender für Sarah gefunden! Neun von zehn Merkmalen stimmen überein. Vertrauen wir weiterhin!

Die Mutter sagt: Sarah, ich möchte, dass du aufschreibst, wer was bekommt, falls du gehen musst oder gehen willst. Schreib alles auf, bittet Mami.

Meine Thomas-Sabo-Sachen bekommt meine Schwester J., meine Box im Nachttischli wird vergraben, meine Porzellankatzensammlung bekommt Grosi, mein Armketteli bekommt meine beste Freundin M., Mami bekommt meinen Ring *hope*, Papi meine Bücher und alle elektronischen Sachen, mein Freund M. bekommt das Ohne-dich-ist-alles-doof-Kissen, meine Amerika-Sachen werden NICHT weggeworfen (Fahne usw.), keine traurige Musik an der Beerdigung, aber trotzdem Musik, nicht zu viel Kirchenschnickschnack, Fotodiashow, lustige Reden, schöne und viele Blumen.

Und danach?, fragt die Mutter per E-Mail. Was hältst du davon, im Gemeindesaal ein Buffet aufzufahren, aperomäßig, Pizzaschnitten, und jeder nimmt, was er will.

Gute Idee, antwortet Sarah auf 2 West.

Am 19. Dezember 2010 setzen Ärzte des Universitätskinderspitals Basel einen Broviac-Katheter in Sarahs Brust, drei dünne Schläuche, jeder für einen anderen Stoff, die Gastfamilie in Amerika hat eine Mütze geschickt, weißes Kunstfell mit rotem Zipfel, darauf das Wort Georgia. An Weihnachten ist Sarah zu Hause im Dorf, sie lacht und scherzt bis in den frühen Morgen, der Freund ist da, die beste Freundin, die jüngere Schwester, man spielt ein Trinkspiel, trinkt Eistee.

27.12.10, noch acht Tage bis zur Transplantation, Tag −8, Be-

ginn der letzten Chemophase, Universitätskinderspital beider Basel, Isolationsdusche, Isolationszimmer, es ist Abend,
die Mutter, in grünen keimfreien Kleidern, beginnt plötzlich zu lachen, in der Hand hält sie eine große Tüte, desinfi-
ziert.

Was das sei, fragt Sarah.

Ein Sack voller Gedanken, alle die, die dich lieben, haben da
drin einen Spruch versteckt, einen für jeden Abend, hundert Sprüche, hundert Küsse, hundert Hoffnungen. Und
wenn sie, Sarah, in hundert Tagen den letzten Spruch gezogen habe, sei sehr wahrscheinlich, dass das neue Knochenmark das alte für alle Zeit vertrieben habe, das gute das
schlechte, sagt Mami.

Cold it is. Warm I am. Tough it is. Strong I am. Dark it is.
Bright I am. Dead it is. Alive I am.

Mami, bleib hier.

Ich bin ja da.

Der 4. Januar 2011, Dienstag, ist Tag 0.

Während vier Stunden tropft fremdes Knochenmark in Sarahs Körper, die Mutter und der Freund sitzen daneben,
Sarah will nicht, dass die Mutter das Transplantat fotografiert, 1,2 Liter, darauf das Geburtsdatum einer Spenderin
aus Amerika, 16.03.1973, For Use By Intended Recipient
Only.

Schüttelfrost am Tag danach.

Meronem

Ciproxin

Perfalgan

Die Mutter wacht und schläft im Nebenbett, jeden Abend
zieht Sarah nun einen Spruch aus der Tüte: Und eines Tages
sagt die Stimme meines Herzens klar und deutlich JETZT!,
und nichts und niemand kann mich aufhalten.

Wir sind zufrieden, sagen die Ärzte.

Am 13. Januar 2011 erbricht Sarah Blut, sie hat Blut im Urin, ihr Blutdruck ist zu hoch, Sarah bekommt ein Medikament und davon Kopfschmerzen, Desperate Housewives am Abend.

Irgendwann schickt sie dem Vater eine SMS: Ich habe dich lieb.

Dann noch eine: Du weißt gar nicht, wie lieb ich dich habe.

Der Vater wagt nicht zu antworten.

Bluttransfusion, jetzt A negativ.

Am 22. Januar 2011, Tag 18, schreibt die Mutter der Facebookgruppe, die sie täglich ins Bild setzt: Von Stunde zu Stunde geht es Sarah besser.

Tag 19, Sarah hat einen Abszess im Mund, die Weisheitszähne, Sarah erträgt kein Licht, kein Geräusch, alles tut weh, die Haut juckt, sie kratzt sich blutig, erbricht.

Lasix gegen den Bluthochdruck.

Morphium gegen die Schmerzen.

Papi zu Besuch.

Tag 23, acht Minuten lang strampelt Sarah auf einem Fahrrad.

Am 6. Februar 2011 versagen Sarahs Nieren, man rollt sie zur Dialyse, Blutwäsche.

Sauerstoff.

Abends ein Spruch: Glaube nicht an das, was du siehst, glaube an das, was du fühlst.

Eine gute Nachricht, sagen die Ärzte, achtzig Prozent von Sarahs Knochenmark stammten von der Spenderin. Weiter so!

Am Freitag, 17. Februar 2011, Tag 45, sitzt die Mutter in einem kleinen Raum, fünf Ärzte vor sich, einer beginnt zu reden, die anderen schauen in eine Ecke, einer redet, man habe leider festgestellt, sagt einer, dass die Transplantation misslungen sei, Sarah hat kein fremdes Knochenmark mehr, wir geben ihr noch wenige Tage. Und sollte sich übers Wochenende der Zustand Ihrer Tochter verschlechtern, Frau M., wir ließen sie sterben.

Möchten Sie ein Taschentuch?

Die Mutter ruft den Vater an, es ist Abend, er hört ihre Stimme und weiß, sie, die nie weint, hat geweint.

Tag 46, Samstagvormittag, Sarah, weiß, haarlos, verkabelt, liegt in ihrem Bett und fragt eine Ärztin: Ist das Ihr Entscheid?

Nicht meiner allein.

Man könnte mir eine neue Niere einsetzen, sagt Sarah.

Dafür sind Ihre Blutwerte zu schlecht. Sie würden verbluten.

Ich habe noch viel vor, ich will leben, ich will zurück nach Luzern, in Luzern baue ich mir eigenes neues Knochenmark auf.

Vom medizinischen Standpunkt aus, sagt die Ärztin, besteht keine Hoffnung, es tut mir unendlich leid.

Sarah dreht sich zur Mutter: Mami, was sagst du dazu? Gibt es noch Hoffnung?

Die Mutter schweigt.

Papi, holst du mir ein Salamisandwich?

Am Abend sitzt der Freund an Sarahs Bett, er streichelt ihr Gesicht, ihre Arme, ihre Hände, Sarah weint.

Wie ich dich liebe!

Sarah atmet heftig und schnell, ihr Puls rast, sie dämmert weg, erwacht, greift abends in die Tüte, Tag 51, 24. Februar 2011, Donnerstag: Das Ziel erreicht man mit dem letzten Schritt, alles andere ist Vorbereitung.

Mami, fragt Sarah, kannst du mich loslassen?

Wie meinst du das?

Wenn ich sterben will.

Sicher, ich helfe dir dabei, stirb, wenn du das möchtest.

Schläfst du heute bei mir im Bett?

Die Mutter legt sich zu Sarah ins Bett, sie singen die Lieder der frühen Jahre, Roti Rösli im Garte, Maierisli im Wald, wenn de Wind chonnt cho blase, de verwelked sie bald, roti Rösli im Garte, Maierisli im Wald, ha de Gogger ghört rüefe, de Sommer chonnt bald.

Sarah wimmert.

Die jüngere Schwester, J., steht neben dem Bett, der Vater, die Mutter, Sarahs Freund, die beste Freundin, Montag, 28. Februar 2011, ein Tag ohne Wetter, Sarah hustet seit drei Uhr morgens.

Mami, ich mag ...

Ich mag ...

Sprich weiter, sagt die Mutter.

... mag nicht mehr, sagt Sarah.

Gib mir drei Zeichen, Sarah, damit ich weiß, dass ich dich richtig verstehe: Willst du sterben?

Ja.

Willst du noch länger kämpfen?

Nein.

Hebe die rechte Hand.

Sarah hebt die rechte Hand.

Willst du Papi noch etwas sagen?

Sarah schweigt.

Alles ist gut, geh nur, sagt der Vater.

Danke für alles, sagt er.

Wann kommen die endlich? – Sarahs letzte Worte.

Zimmer C 28.

Die Ärzte kommen.

Morphium

Morphium

Noch zwei, drei Stunden, sagen sie, vielleicht auch Tage. Ihr Herz ist stark.

Morphium und Sauerstoff

Puls auf 220.

Es ist Dienstag, 1. März 2011, Sarah, die Augen geschlossen, atmet langsam und laut, ihre Lunge rasselt, man hört sie noch im Flur vor C 28, die Mutter, sie weiß nicht weshalb, führt ihre Hände über Sarahs Hals, ohne ihn zu berühren, über ihre Brust, Sarah schwitzt, ihre Füße sind jetzt kalt, es ist Abend, und Sarahs Atem stockt, setzt aus, setzt ein, Mami, Papi, die kleine Schwester, Sarahs Freund, die beste Freundin stehen am Bett und halten sich an den Händen.

Danke für alles, sagt der Vater.

Sarah geht um 19 Uhr 35.

Der Vater schließt ihre Augen, dann legt er sich zu Sarah ins Bett, hält ihre Hand, schnuppert an ihr und denkt, sie riecht wie einst im Tragetuch, noch besser als im Tragetuch. Dann schläft er ein, vielleicht eine Stunde lang.

Jetzt wäscht er sie.

Zieht ihr Ringelsocken über die Füße, blauweiß, setzt die wollene Mütze auf Sarahs kahlen Kopf.

Und die kleine Schwester lackiert die Nägel der großen tizianrot.

Puccini statt
Pralinen

Lucia liebt Edgardo und umgekehrt.

Doch Enrico, Lucias Bruder, gibt sie Arturo.

Worauf Lucia – was man zwar nicht sieht, schon gar nicht vom äußersten Platz im zweiten Rang – Arturo ersticht und, das Messer noch in der Hand, ihr Kleid voller Blut, im hellen Wahn die Hochzeit mit Edgardo besingt.

Der erfährt, dass die Liebste, vom Kummer zerstört, nach ihm ruft.

Doch zu spät.

Eine Totenglocke füllt die Bühne des Stadttheaters Solothurn kurz vor halb elf Uhr nachts, es ist Freitag, 6. April 1979, und Edgardo folgt Lucia di Lammermoor in den Tod, stößt sich den Dolch ins gebrochene Herz: Vorhang.

Und Dario Negrotti, 4552 Derendingen SO, fünfzehnjährig, zum ersten Mal in der Oper, weiß nicht, wie ihm geschieht, seine Hände zittern, es jauchzt im Bauch. Der Bub rennt zum Fahrrad und rast nach Hause.

Wie war es?, fragt die Mutter.

Schöneres habe ich noch nie gehört, glüht der Bub.

Um was ging es?, fragt der Vater.

Um die Liebe und so.

Um die Liebe und so!, knurrt der Vater, Arbeiter in der Kohlenhandlung seines Schwiegervaters, und trinkt das Glas leer.

Der Vater ist Italiener, Provinz Treviso, Venetien, in die Schweiz gekommen auf der Suche nach dem besseren Leben. Die Mutter, eine Einheimische, vier Kinder, hat an der Kanalgasse einen Laden und verkauft Italienisches, Mortadella, Sardellen, Oliven, Stockfisch. In Derendingen steht eine Kammgarnspinnerei, im Nachbardorf das Stahl- werk.

Dario ist ihr zweiter Sohn, im Turnverein hält er es nicht aus, in der Jungwacht nicht, der Jungwächter ist Marienrit- ter und Christusträger, der Jungwächter liebt seine Heimat, er ist keusch an Leib und Seele.

Aber Dario singt im Schülerchor.

Er summt und singt, wenn er im Laden der Mutter Regale füllt, wenn er jätet im Garten des Großvaters.

He, wenn du noch einmal über mein Rosenbeet springst, schmier ich dir eine!

Weil der Großvater, Händler mit Kohle und Öl, Präsident des Fußballclubs, nicht will, dass sein Enkel, dieser Links- händer und Träumer, die Oberschule des Dorfes besucht, die Klasse derer, die es weder in die Sekundar noch ans Gymnasium schaffen, befiehlt er Dario nach Solothurn ans Privatinstitut Jura, drei Jahre lang, Vater und Mutter schwei- gen und zahlen.

Anfang April 1979 liest Dario Negrotti, der selten Zeitung liest, in der Solothurner Zeitung: Lucia di Lammermoor, Oper in drei Akten von Gaetano Donizetti.

Was ist das?, fragt er seine Mutter. Oper?

Ein Theater aus Musik.

Das möchte ich sehen.

Du?

Ja, sagt Dario, fünfzehn.

Ohne mich, sagt Mama.

Dieses Jauchzen im Bauch, als Lucia di Lammermoor sich in den Wahnsinn singt –

Am Samstagabend sitzt jetzt Dario Negrotti vor dem Radio und hört Opern. Die Mutter kauft ihm ein Abonnement für die Spielzeit 1979/80, Stadttheater Solothurn, Theatergasse 18, Dario, sechzehn, oft allein, lässt keine Vorstellung aus, auf dem Fahrrad fährt er hin, setzt sich ins Gestühl und glüht auf, auch bei Shakespeare, bei Dürrenmatt, Kohut, Ionesco. In der Schule hält man Vorträge über Status Quo, Pink Floyd, Abba, Porsche, Bayern München, Dario redet über Verdis Rigoletto. Auf Kassette spielt er die Stelle, da Rigoletto tapfer den Hofnarren des Herzogs von Mantua gibt und längst ahnt, dass dieser in der Nacht zuvor seine – Rigolettos – Tochter geraubt und geschändet hat, Signori, perdon, perdono, pietà, ridate a me la figlia, tutto al mondo è tal figlia per me, ridate a me la figlia, tutto al mondo ell'è per me, pietà, pietà, signori, pietà, signori, pietà.

Au, Dario, hörst du dir das freiwillig an?

Dieses Klopfen im Hals, wenn der Vorhang fällt –

La belle Hélène von Jacques Offenbach.

Das Fernsehen zeigt einen Film über Homosexuelle, Familie Negrotti-Lüthi sitzt vor dem Gerät, und der Vater, krumm und früh verbraucht, sagt: Uno così non mette piede in casa, so einer kommt mir nicht ins Haus.

Manchmal sitzt er am Tisch in der Küche, ein Glas Grappa vor sich, und weint oder streitet mit der Mutter.

Ich bin ja hier nur der Tschingg, lallt er, nur der Tschingg, einen Sack Kohlen auf dem Buckel, Treppe rauf, Treppe runter, der Kohlentschingg.

Dario springt nicht mehr über das Rosenbeet des Großvaters.

Als das Radio über die Roten Brigaden in Italien berichtet,

über ihre Morde und Parolen, lärmt der Großvater, der ganzen Brut da unten, in diesem Drecksitalien, wäre mit einer Atombombe am besten gedient.

Ständig hackst du auf uns herum!, bricht es aus Dario, er weiß nicht, wie ihm geschieht.

Wortlos schreitet der Großvater vom Tisch und schlägt die Tür ins Schloss, niemand spricht, Dario schwitzt.

Und die Großmutter flüstert: Entschuldige dich bei Opa, dann geht es ihm wieder gut, hopp, hopp.

Dario entschuldigt sich.

Weil der Großvater Bäcker-Konditor gelernt, dann aber, nach dem Tod des Urgroßvaters, die Kohlenhandlung übernommen hat, lernt Dario Negrotti, siebzehn, der nichts mehr liebt als Opern, Konditor-Confiseur. Die Mutter begleitet ihn zum Bahnhof, April 1980, sie weint, Dario steigt in den Zug, sie winkt, er fährt, wandert endlich durch die Stadt Biel zur Confiserie Suter, Marktgasse 18, wo er nun Lehrling ist während dreier Jahre. Er steigt hinauf in den fünften Stock in sein kleines Zimmer und packt den schweren Koffer aus, Unterwäsche, Hemden, Schallplatten, Verdi, Mozart, Rossini, Händel, Bizet, Donizetti, Monteverdi, Salieri, Puccini, Schubert.

Savarin, verwandt mit Baba au rhum, macht er bald meisterhaft. Das trockene Gebäck aus Hefe- oder Sandkuchenteig weicht Dario in Zuckersirup auf, tränkt es in Rum, krönt es mit geschlagener Sahne.

Cavallaria rusticana von Pietro Mascagni, Pagliacci von Ruggero Leoncavallo, zwei Kurzopern, Stadttheater Bern, Samstag, 20 Uhr, 13. März 1982.

Dario gefällt ein Mädchen, erste Liebe im fünften Stock, man langweilt sich, Schluss nach drei Monaten.

Manchmal fährt Dario Negrotti, neunzehn, nach Basel ins

Theater, manchmal nach Zürich ins Opernhaus, und zittert vor Glück im Gestühl.

Ist das normal?

Eigentlich will er jetzt keine Freundin mehr.

Die Abschlussprüfung, Mai 1983, besteht er mit der Note 5.4, alles gelingt, die belegten Brötchen, die Nussgipfel, die Mandelgipfel, Schnecken, Pasteten, Torten, Pralinen. Stolz reisen aus Derendingen die Eltern an und fotografieren Darios Kunst.

Und nun? Erdbeertörtchen bis an mein Ende?

Er zieht wieder ins Haus der Eltern, Kanalgasse 2, steht nachts um ein Uhr auf und fährt auf dem Rad nach Utzenstorf, arbeitet, kommt gegen Mittag zurück und legt sich ins Bett.

Ich will Schauspieler werden.

Schauspieler?, fragt die Mutter.

Singen traue ich mir nicht zu.

Wo du doch so wunderbar singst.

Dario Negrotti, zwanzig, Konditor-Confiseur, meldet sich am Konservatorium Bern zur Aufnahmeprüfung an, er übt eine Szene aus Schillers Räuber, auch Goethes Zauberlehrling, walle, walle manche Strecke, dass, zum Zwecke, Wasser fließe, und mit reichem, vollem Schwalle zu dem Bade sich ergieße, und den berühmten Schlussmonolog aus Die Nashörner von Eugène Ionesco. Endlich steht er auf der Bühne, zehn, fünfzehn Menschen hängen im Raum, Experten, die hüsteln und warten, dass Dario, die Hände feucht und kalt, los wird, was er gelernt hat, immer wieder zu Hause in Derendingen, Kanalgasse 2, was ist meine Sprache?, ist es Deutsch, das?, es muss wohl Deutsch sein, aber was ist denn Deutsch?, man kann das Deutsch nennen, wenn man will, niemand kann es bestreiten, ich bin der Einzige, der es spricht, was sage ich?, verstehe ich mich denn?, verstehe ich mich denn?, ein Ungeheuer bin ich, ein Ungeheuer, nie werde ich Nashorn, nie, nie!

Dario versucht es auch an der Schauspielakademie Zürich, verstehe ich mich denn?, ein Ungeheuer bin ich, ein Ungeheuer, nie werde ich Nashorn, nie, nie!

Die Rekrutenschule in Wangen an der Aare, Sommer, Herbst 1983, Luftschutzsoldat Dario Negrotti liegt im Schießstand, den Finger am Abzug, er schwitzt, trifft die Scheibe nie.

Normal?

L'opera de tres rals von Brecht und Weill, die Dreigroschenoper auf Katalanisch, Teatre Romea, Barcelona, Donnerstag, 21 Uhr, 10. Mai 1984.

Dario Negrotti, einundzwanzig, zieht nach Mühledorf, formt Nussgipfel, Mandelgipfel, Schnecken, Kuchen, Torten, er zieht nach Basel, macht Gipfel und Kuchen, geht abends in die Oper, ins Theater, Basel, Zürich, Bern, St. Gallen, Luzern, fragt, ob man einen Kulissenschieber brauche, jemanden, der den Vorhang zieht, Kostüme bügelt, Spiegel putzt, die Bühne wischt oder irgendwas.

Wenn Sie Schreiner wären, Maler oder Schneider, tut uns leid.

Er denkt an ein Leben in Italien, im Land des Vaters, der abends, krumm von der Kohle, die er seit Jahren schleppt, am Tisch sitzt, müde, stumm.

Il barbiere di Siviglia von Gioachino Rossini, dirigiert von Claudio Abbado, La Scala, Mailand, Sonntag, 20 Uhr, 6. Januar 1985.

Wieder wohnt er jetzt im Haus der Eltern, Kanalgasse 2, 4552 Derendingen SO, es ist Fasnacht, Schmutziger Donnerstag 1985, Dario, zweiundzwanzig, lernt eine Frau kennen, Judith, Textildesignerin, sie ist schön und klug.

Ich habe eine Stelle im Tessin, flüstert er in ihren Armen.

Du gehst fort?, fragt sie.

Komm mit!

Wie lange?

Zwei Jahre, vielleicht drei. Oder für immer.

Er zieht nach Paradiso, Pasticceria Münger, Judith folgt ein halbes Jahr später und findet Arbeit in einer Papeterie, in einem Kiosk, sie fahren nach Florenz, Faust von Gounod, reisen nach Venedig, Così fan tutte, Mozart. Dario kauft jedes Opernprogramm, stapelt die Hefte sorgsam im Schrank.

Du bist, haucht er, das Beste, was mir bis jetzt passiert ist.

Wart's ab, sagt sie und gurrt.

Sie ziehen nach Lenzburg, Kanton Aargau, wohnen in der Nähe von Judiths Eltern, sie entwirft Stoffe, er formt Gipfel und Schnecken, macht Pralinen, Kuchen, Torten, steht nachts auf, fährt zur Arbeit, kommt mittags zurück und legt sich ins Bett, möchte schlafen.

Wann heiraten wir?

Zu zweit fahren sie nach Mailand, es ist Sonntag, 5. Juni 1988, und weinen im Gestühl der Scala, La Bohème, Puccini, inszeniert von Franco Zeffirelli, oh, come è bello e morbido!, non più le mani allividite, il tepore le abbellirà … Sei tu che me lo doni?

Dario Negrotti, achtundzwanzig, ist jetzt Vertreter der Oswald Nahrungsmittel GmbH und reist von Haus zu Haus, lobt Hühnerbouillon gekörnt, Ochsenbouillon fettfrei, Gemüsebouillon Méditerranée, Backperlen, Saucen, Suppen. Am 14. Februar 1991, unterwegs am Zürichsee, geht er über eine lange steile Treppe, die zu einem Kunden führt, Oberrieden, es ist Vormittag, Dario dreht sich zum See, um die Aussicht zu genießen, und sieht, wie helles Licht aus den

Wolken fällt, ein Loch im Himmel, traumfarben, ein Bühnenbild, Die Zauberflöte vielleicht, zweiter Aufzug, letzte Szene. Es ist ein guter Tag, Dario verkauft und verkauft, Sel marin aux herbes, Pepe al Limone, Sauce Café de Paris, Salsa Pomodoro Salerno, mehr als je zuvor.

Am Abend steht Judith neben der Tür, Lenzburg, Murackerstrasse 12.

Dein Vater, sagt sie, heute Vormittag ist er gestorben.

Zur Hochzeit mieten sie einen Nauen auf dem Zugersee, 29. Juni 1991, und fahren nach der Trauung hinüber zum Baumgarten, eine Kapelle spielt auf, Geige, Gitarre, Cello, man isst Trois filets, Rind, Kalb, Schwein, feiert und tanzt bis in die Nacht.

Die Mutter sagt: Dein Papa sitzt neben uns.

Hochzeitsreise nach Sizilien, vier Wochen, Aida von Verdi, Teatro Greco di Siracusa, Judith ist schwanger und trinkt keinen Wein.

Warum bist du nie eifersüchtig?

Möchtest du, dass ich es wäre?, fragt er.

Vielleicht!, sagt sie.

Jetzt singt Dario Negrotti im katholischen Kirchenchor, probt jeden Dienstagabend von acht bis zehn Uhr, eilt dann nach Hause zu Judith. Sie richtet das Kinderzimmer ein, kauft ein Bettchen, kauft Kleidchen, eine Waage, Windeln, Spielsachen, im Geburtsvorbereitungskurs liegt Dario an Judiths Seite und atmet mit ihr.

Sie flüstert: Wie kann man nur so glücklich sein!

Am 28. März 1992 reißt die Plazenta, Blut schießt aus Judiths Leib, fleischige Fetzen, Dario rennt zum Telefon, sieht den Zettel nicht, der vor ihm an der Wand hängt, darauf die Nummer des Spitals.

Luca, 4140 Gramm, 53 Zentimeter.

Eine Stunde lang, allein in einem hellen Zimmer, hält er das Kind in den Armen.

Es singt im Bauch –

Dario Negrotti, dreißig, wechselt die Stelle, wird Vertreter der Alipro AG, Halbfabrikate für Bäckereien und Konditoreien. Einen schmalen Koffer in der Hand, reist er durchs Schweizer Mittelland, preist Fruchtlinien, Backmassen, Nussfüllungen.

Du siehst müde aus, sagt Judith.

Was ist los mit dir?, fragt Judith.

Nichts!, sagt Dario.

Ich möchte ein zweites Kind, sagt sie.

Le nozze di Figaro.

Otello.

Ekle ich dich?, fragt Judith.

Manchmal, im Firmenwagen unterwegs, passiert er einen Wald, Autos stehen dort, Männer darin.

Der fliegende Holländer.

Manchmal, in Basel oder Zürich, das Köfferchen in der Hand, kommt er an einer Bar vorbei, Männer unter der Tür.

Was ist los mit mir?

Sie ziehen nach Seengen ins Haus von Judiths Eltern, Oberdorfstrasse 11, erster Stock, fünf Zimmer, unten die Eltern, oben der Bruder.

Im Garten Rosen.

Stella, 3900 Gramm, 52 Zentimeter, 28. Januar 1995.

Tosca, Puccini.

Manchmal, im Firmenwagen unterwegs, passiert Dario Negrotti einen Wald, Autos stehen dort, Männer darin, er fährt langsamer.

Er hält nicht an.

Hält nie an.

Judith stillt Stella, Dario bringt den Müll vors Haus, Judith kocht Biologisches, Dario spielt mit Luca.

Und wenn ich doch anhielte?

Dir geht es nicht gut, sagt Judith.

Das geht vorbei, sagt Dario.

Bist du krank?

Nur müde.

Hol Hilfe, sagt sie.

Was für Hilfe?

Weil er die obligatorische Schießpflicht, zwanzig Schüsse im Jahr, vergisst und schließlich verweigert, muss er drei Tage ins Gefängnis.

Dario lobt Mandelmasse weich, Mandelmasse fest, Backmasse braun, Backmasse weiß, Streusel dunkel, Streusel weiß, Streusel hell, Streusel mittel.

Und hält nie an.

Judith sagt: Ich liebe dich, hol Hilfe.

Viermal fährt er nach Baden und setzt sich, die Hände feucht, zu einer Psychologin, erzählt von seinem Vater, der oft am Tisch saß, ein Glas vor sich, und weinte oder lärmte. Und dann schwieg, sobald der Großvater kam, dessen Säcke er trug, treppauf, treppab, dreizehn Stunden am Tag, ein Leben lang.

Einmal, in der dritten oder vierten Klasse, im Rechnen, hatten wir die Lösungen des Banknachbarn zu prüfen, ein Mädchen kontrollierte meine, ich ihre. Und als sie merkte, dass alles, was ich gerechnet hatte, falsch war, stand sie auf und brachte mein Heft dem Lehrer. Der sah es kurz an, holte aus und schlug seine Hand dem Mädchen ins Gesicht, so wütend, dass sie hinfiel und schrie. Er dachte wohl, das Heft und die Fehler darin gehörten ihr. Und ich saß da in der Bank, wartete, dass das Mädchen die Wahrheit verriet, ich wartete und schwieg und schwieg, sagte kein Wort, hatte nur Angst, ein Loch im Bauch.

Dario Negrotti, dreiunddreißig, wird wieder Konditor-Confiseur, arbeitet drei Monate in Beinwil am See, dann zwei Jahre in Reinach, Aargau, steht nachts um ein Uhr auf, kommt mittags zurück, legt sich hin, steht auf, spielt mit den Kindern, legt sich hin, wechselt schließlich in die Bäckerei der Migros.

Ein Schwein, ein Schwein bin ich, ein Schwein, ein mieses dreckiges Schwein –

Manchmal, wenn Judith mit den Kindern unterwegs ist, setzt er sich vor den Computer, www.gayromeo.com, öffnet die Hose, verwischt dann die Spuren, Dateien löschen, Cookies löschen, Verlauf löschen, Formulare löschen, Kennwörter löschen.

Judith gießt Blumen, Dario schnürt Altpapier, Judith trifft Freundinnen, Dario spielt mit den Kindern.

Kirchenchor am Dienstagabend.

Wann hast du mich zum letzten Mal gestreichelt?, fragt Judith und versucht zu lachen.

Dann streichelt er.

Bevor Dario Negrotti aus dem Haus geht, horcht er, ob jemand im Flur steht. Steht einer dort, Judiths Vater oder ihr Bruder, schließt er die Tür und wartet.

Luca, verdammt noch mal, spring nicht ständig über Opas Rosenbeet!

Das macht doch nichts, sagt Judith.

Trotzdem!

Was ist nur los mit dir?

Nichts!

Wie war die Schulreise?, fragt Dario seinen Sohn.

Ganz lustig, antwortet Judith.

Sommers fährt die Familie nach Italien, nimmt in Ancona die Fähre und reist hinüber nach Griechenland, schlägt das Zelt auf, Peloponnes, leichte Tage am Meer. Manchmal, wenn Judith es nicht sieht, schaut Dario Männern hinterher.

An einem Sonntag im März 2005, das Essen steht auf dem Tisch, Dario neben Stella, Judith neben Luca, 5707, Seengen AG, Oberdorfstrasse 11, erster Stock, sagt Judith: Ich kann nicht mehr.

Endlich stehen die Kinder auf, zehn und dreizehn Jahre alt, gehen in ihre Zimmer, Dario hört sie weinen.

Lass uns reden, sagt er.

Worüber?, sagt sie.

Dario Negrotti, zweiundvierzig, klopft an die Tür seiner Kinder: Ich gehe spazieren, kommt ihr mit?

Zu dritt spazieren sie über das weite flache Feld nach Egliswil, ein Sonntag im März, es regnet, Dario sagt: So ernst meint die Mama das nicht.

Judith schläft jetzt im Zimmer der Tochter.

Tu das nicht! Lass uns reden, Judith, lass uns retten, was zu retten ist, lass uns wegziehen, irgendwohin, und dort fangen wir neu an.

Eheberatung in Aarau, drei Mal, vier Mal, fünf Mal.

Judith schläft wieder neben Dario.

Ein kalter Kuss.

Wir fangen neu an, irgendwo, sagt er.

Ich kann nicht mehr, sagt sie.

www.gayromeo.com

Es ist niemand im Haus, als Dario Negrotti, dreiundvierzig, am 31. Mai 2006 seine Familie verlässt, Mittwoch, Oberdorfstrasse 11. Er lädt einen Koffer ins Auto, darin seine Kleider, er nimmt die Musikanlage mit, die Schallplatten, die CDs, die Programmhefte, drei Tassen mit goldenem Rand, die er einst auf einem Flohmarkt kaufte, ein paar Bücher, Die Nashörner, ein Ungeheuer bin ich, ein Ungeheuer, nie werde ich Nashorn, nie, nie!

Das alte Haus, in das er zieht, steht auf einem Hügel, umgeben von niedrigem Buchs, nachts knarren die Balken, die Bretter, oft sitzt er in der dunklen Küche, erhellt von einer Kerze, und weint.

In der Familie ein Versager, im Beruf ein Langweiler, eine Null, eine feige schwule Null –

Luca und Stella kommen alle zwei Wochen, Dario kocht, er schickt Geld, 1850 Franken im Monat, nachts steht er um ein Uhr auf, fährt zur Großbäckerei der Migros, formt Gipfel, Kuchen, Torten, kommt um elf nach Hause, legt sich hin und schläft.

Oft sitzt er am Tisch in der kleinen dämmrigen Küche.

Soll ich?

Soll ich?

Er zittert, als er in Die Männerzone tritt, Kernstrasse 57, Zürich, es ist warm und dunkel da drin, laut, sie schauen und mustern, Dario stellt sich an den Tresen und schweigt, trinkt Wasser und schweigt, geht wieder, fährt nach Hause.

Ich kann das nicht.

Nicht einmal das –

www.gayromeo.com

Suchst du deinen Traumprinzen? Oder einfach geile Kerle zum Druck ablassen? Mit unserer umfangreichen Suche findet hier jeder Topf seinen Deckel.

Dario Negrotti, vierundvierzig, Konditor-Confiseur, fährt zu ihm nach Hause, die Hände feucht und kalt.

Er sagt: Es ist mein erstes Mal.

Kein Problem, sagt der Mann und küsst ihn.

Kirchenchor am Dienstagabend.

Luca und Stella alle zwei Wochen.

Wieder sitzt er am Tisch in seiner dunklen kleinen Küche, eine Kerze vor sich.

Nachts knarren die Balken, die Bretter.

Soll ich?

Wenn, dann in der Badewanne.

Den Schlüssel zum Haus könnte ich, bevor ich es tue, der Polizei schicken oder dem Spital.

Mit einem Brief, wo ich liege.

Damit mich nicht die Kinder finden.

Eine Frau, Kollegin in der Bäckerei, lacht Dario ins Gesicht, sie berührt seinen Arm, Dario schreckt zurück, sie sei, sagt sie endlich, ein bisschen verliebt in ihn.

Du bist doch solo?, fragt sie.

Das schon!

Aber schwul oder was?, lacht die Frau.

Und Dario lacht mit.

Am nächsten Tag, nach schlafloser Nacht, ruft er sie an. Renata, du bist, abgesehen von ein paar Kerlen, der erste Mensch, der es erfährt – ich bin schwul.

Kirchenchor am Dienstag, die Kinder alle zwei Wochen.

Dario Negrotti schmerzt der Kopf, manchmal der Bauch, das Bein, er geht zum Arzt, lässt prüfen, das Blut, das Herz, die Lunge, die Augen, den Kreislauf, den Rücken, körperlich, sagt der Arzt, sei, soweit er sehe, alles in Ordnung, aber sonst? Er gibt ihm einen Zettel, darauf die Nummer einer Psychologin.

An einem Samstag, 2009, reist er nach Derendingen, das Dorf der frühen Jahre, Darios Bruder hat Geburtstag, auch die Mutter ist dort, die zwei Schwestern, Dario erzählt, neulich sei er beim Arzt gewesen, alles in Ordnung, und der

Bruder, zwei Jahre älter, scherzt, um das zu erfahren, brauche man doch nur in den Spiegel zu schauen, Dario lärmt: Deine Sprüche, ich habe sie noch nie ertragen.

Er übernachtet im Haus der Mutter, Kanalgasse 2, sitzt am Tisch, an dem der Vater einst saß und schwieg oder lärmte, und die Mutter fragt: Bub, was ist nur los mit dir?

Jetzt heult Dario Negrotti, sechsundvierzig, und schluchzt, dass es ihn schüttelt, er wimmert und schnäuzt, kann nicht reden, eine halbe Stunde lang.

Mami, ich bin schwul.

Sie steht auf, nimmt den Sohn in ihre Arme und sagt: Dann mach, dass du glücklich wirst.

Immer wieder setzt er sich ins Zimmer der Psychologin und zieht sein Leben aus.

Einmal, in der sechsten Klasse, befahl mich der Lehrer zur Wandtafel. Wir übten das Dividieren. Und ich machte einen Fehler, machte ihn zweimal, dreimal. Da traf mich von hinten seine Hand, mein Kopf schlug gegen die Tafel, eine rote Beule auf der Stirn. Zu Hause fragte die Mutter: Was ist passiert? Und ich sagte: Nichts, hab mich blöd gestoßen.

Was, Herr Negrotti, ist Ihre älteste Erinnerung?

Wir, Vater, Mutter, die ganze Familie, wir sitzen im Zug nach Venetien, unterwegs ins Dorf des Vaters, es ist Morgen, und wir gehen in den Speisewagen und warten und warten, und dann trägt der Kellner etwas auf, was ich noch nie gesehen habe, kleine weiße harte Kunstwerke, Butterröllchen.

Bleich sitzt Dario am Tisch, Judith ist gekommen, um die Scheidung zu bereden: Judith, leg die Akten weg, ich muss dir etwas sagen.

Du zitterst ja, sagt sie.

Dann lacht sie und erschrickt, dass sie lacht. Du und schwul?

Ja.

Seit wann?

Vielleicht schon immer.

Seit wann weißt du es?

Eigentlich schon lange.

Und warum sagst du mir das erst jetzt?

Weil ich dich nicht verlieren wollte.

Mich oder die Kinder?, fragt sie.

Euch alle, meinen Lebenstraum, sagt Dario Negrotti.

Scheidung durch das Bezirksgericht Lenzburg, kein Streit, kein Anwalt, Aktenzeichen EO2010 166, 10. September 2010.

Stella sagt: Auch wenn du jetzt schwul bist, Paps, ich habe dich trotzdem lieb.

Am 1. Januar 2011, Neujahr, lädt Dario Negrotti einen Fremden ins Haus auf dem Hügel, gayromeo.com, Dario öffnet die alte schwere Tür:

DAS IST ER.

Bevor René, auch geschieden, auch zwei Kinder, für zehn Tage nach Frankreich verreist, Februar 2011, schenkt Dario ihm eine rote Rose. René bittet Dario, die Rose, während er fort sei, zu pflegen. Als sie zu welken beginnt, hängt Dario sie zum Trocknen auf und schenkt sie René, kaum zurück, ein zweites Mal.

René legt sie neben das Bett.

Erst jetzt, flüstert Dario in seinen Armen, merke ich, dass möglich ist, was Opern auf die Bühne bringen, Leidenschaft, Wahnsinn, Eifersucht.

Bist du wahnsinnig?, fragt René.

Noch nicht, sagt Dario.

Aber?

Eifersüchtig!

Und wie geht es Ihnen heute?, fragt die Psychologin, 28. März 2011.

Heute! Weil er heute so glücklich sei, zumindest bis auf weiteres, möchte er ihr etwas schenken, die Arie des Tamino, Zauberflöte, Mozart, Köchelverzeichnis 620, denn anderes habe er nicht zu bieten, sagt Dario Negrotti, achtundvierzig, Konditor-Confiseur bei der Migros, schwul, zwei Kinder, verliebt, er steht auf, reibt an der Hose die Hände trocken und singt mit heller Stimme: Dies Bildnis ist bezaubernd schön, wie noch kein Auge je gesehn. Ich fühl es, wie dies Götterbild mein Herz mit neuer Regung füllt. Dies Etwas kann ich zwar nicht nennen, doch fühl ich's hier wie Feuer brennen.

Das Ende der
Scham

Jetzt weint Gertrude Harris, die kaum weinte, als ihre Männer starben, Vater, Stiefvater, Halbbruder, Sohn, Ehemann, aber ich soll mich nicht schämen, dass ich jetzt weine, Gertie ist vierundneunzig, Urgroßmutter, ihre Unterlippe zittert, Gertie weinte nicht, als sie vor Monaten vom Gehsteig fiel und sich die Hüfte brach, sie sitzt im Rollstuhl und weint unter dem Himmel von Harrow Wealdstone, London, ihre Füße, in grauen Hausschuhen, sind in dicke graue Socken gepackt, Möwen lärmen, es ist Sonntagnachmittag im Februar, und auf der Straße halten Polizisten Autos an.

Als Bürgermeisterin von Harrow, spricht die Bürgermeisterin, darf ich Sie zu diesem historischen Augenblick willkommen heißen. Die Bürgermeisterin trägt einen roten weiten Mantel, ein Fell auf ihrer Brust, die Amtskette, und dort, wo sie steht, ist mit weißer Kreide ein M auf den Asphalt geschrieben, M für Mayor, Bürgermeister, daneben ein B für Bishop, Bischof. Dies, sagt sie, ist kein Moment von Schuld und Bitternis, dies ist ein Moment der Erinnerung und Dankbarkeit.

Gertie hörte zu weinen auf, wenn Mama befahl, hör auf zu weinen, hat Mama gesagt, hör auf damit, wenn die Herrschaft dich hört, verliere ich die Stelle. Mama lachte selten. Erzählte sie von Harry Farr, ihrem Mann, der im Krieg geblieben war, Gerties Vater, sagte sie nur, wie hübsch er gewesen sei, sechs Fuß groß und dunkles krauses Haar hatte er, so schönes Haar, graue Augen, Mama wusste seine Soldatennummer, seine Einheit, 8871 Private Harry Thomas Farr, First Battalion West Yorkshire Regiment, gestorben im Morgengrauen des 18. Oktober 1916 in Carnoy, Nordfrankreich, sechs Uhr, Harry zitterte nicht, er verbat sich die Augenbinde, sah ihnen, als sie schossen, ins Gesicht, Harry Farr war sechsundzwanzig Jahre alt, seine Frau Gertrude zweiundzwanzig, seine einzige Tochter Gertie drei. Mama las den Brief, las ihn vielleicht ein zweites Mal und versenkte ihn dann in der Bluse, Mama erzählte mir nie ein Wort, kein Wort, Mama verschwieg während vierzig Jahren. Zu unserem Bedauern müssen wir Ihnen mitteilen, dass Soldat Harry Farr wegen Feigheit vor dem Feinde erschossen worden ist. Sie steckte den Brief in die Bluse und schwieg. Am 4. November 1914 war Harry Farr, ein Gerüstbauer aus London, Soldat der Reserve, nicht freiwillig in den Krieg gezogen, sie hatten ihn, kaum war der Streit in Brand, nach Frankreich befohlen, in die Gräben des Nordens, Schlacht von Neuve Chapelle, 11 000 tote deutsche Soldaten, 11 500 tote britische Soldaten, während fünfunddreißig Minuten wurde mehr Munition verschossen als in den Burenkriegen, Gertie hat viel gelesen, sie denkt, sie sollte wissen, was Harry tat und lebte, in der Schlacht in Aubers Ridge hatte ihr Vater gekämpft, an den sie keine Erinnerung hat, sechs Tage, 11 000 tote Briten, 75 000 tote Deutsche, 100 000 tote Franzosen. Mama und ich lebten in einem kleinen Zimmer in North Kensington, 12 Wornington Road, in einem ganz kleinen Zimmer, wie damals alle wohnten, arm und zufrieden. Das Mädchen dachte, ihr Vater sei im Kampf gefallen, wie alle Väter im Kampf fielen, dachte ich mein halbes Leben lang. Mama wurde immer dünner, bleicher, und eines Tages, als Harrys Vater sie fragte, was los sei mit ihr, sie sei so bleich und dünn, erzählte sie ihm. Standrechtlich hingerichtet von den eigenen Leuten. Harrys Vater, der zwölf Jahre lang Soldat gewesen war, der vier Söhne im Weltkrieg hatte, schloss die Läden des Hauses und verbot, den Namen Harry wieder zu nennen.

Es ist uns eine Ehre, spricht die Bürgermeisterin in den frühen Sonntagnachmittag, Harry Farrs Tochter heute hier an unserer Seite zu haben, Gertrude Harris, und andere Mitglieder der Familie. Wir in Harrow sind stolz auf tapfere und selbstlose Männer und Frauen, die im Zeichen der Freiheit ihr Leben gaben. Sie steht, den Rücken zur High Street, Ecke Spencer Road, vor einem kleinen Turm aus rotem Backstein, auf dem Dach, aus Blech, dreht eine Windfahne, die Uhr geht eine Stunde nach, TO OUR GLORIOUS DEAD 1914–1918 ist auf Sandstein geschrieben, darunter Dutzende von Namen. Lautsprecher stehen auf hohen Ständern, ein Übertragungswagen des Fernsehens, Kameramänner, Tonmänner, Absperrgitter, die Stadtgärtner haben zwei Verkehrspfosten von ihren Sockeln geschraubt und hölzerne Kisten an deren Stelle gebracht, Primeln darin und kleine zittrige Palmen, es könnte bald regnen. Wir sind stolz auf Harry Farr, sagt die Bürgermeisterin, der seinem Land diente und unter so tragischen Umständen ums Leben kam. Die Hände im Schoß, den Blick gesenkt, sitzt Gertie im Rollstuhl und denkt, jetzt darf ich doch weinen, nicht wahr? Mama sagte oft, hör auf zu heulen, sonst hört dich die Herrschaft, wenn du weinst, und dann verliere ich meine Stelle, weil du so laut bist. Mama hatte sich in Harry verliebt, als sie sechzehn war, er war zwanzig, und sie wohnten an derselben Straße, Wornington Road in North Kensington, Westlondon, die ganze Welt lebte an dieser Straße,

Harry Farr hatte acht Geschwister, Gertrude Young zwölf, Harrys Vater war Plattenleger, Gertrudes Bauarbeiter, Harry war Gerüstbauer, Gertrude Magd, seit sie dreizehn Jahre alt war. Sie sahen sich an einem Sonntagnachmittag auf der Wornington Road, heirateten im Frühling 1913 und zogen in ein Zimmer, 12 Wornington Road, dort gebar Gertrude am 29. Oktober 1913 eine Tochter und gab ihr den Namen, den so viele schon hatten in ihrer Familie, Gertrude, Gertie. Dann war Weltkrieg, Harry in den Gräben von Nordfrankreich, Schlacht nach Schlacht, Wochen, Monate, ein Jahr, Harry begann zu zittern, er machte in die Hose, Private Harry T. Farr ertrug das Schlachten nicht länger, den Lärm, den Tod, er bat um Urlaub, viermal bat er um Urlaub, sagte, er könne nicht mehr, brauche Urlaub, die Offiziere, wenn sie zitterten, durften nach Hause, nicht Harry, den ich nie kannte. Fünf Monate lang lag er in einem Lazarett bei Boulogne, er zitterte so sehr, dass er seiner Frau, seiner Tochter nicht schreiben konnte, Harry war unfähig, einen Stift in Händen zu halten, und bat eine Pflegerin, schreiben Sie bitte meiner Frau, es geht mir gut. Im Oktober 1915 befahlen sie ihn zurück an die Front, im April 1916 lag er wieder zwei Wochen lang in einem Lazarett, weinend und stumm, der Krieg kochte weiter, im Sommer 1916, obwohl Harry Farr kaum noch gehen konnte, kämpfte er die Schlacht an der Somme, am ersten Tag, 1. Juli 1916, starben 58 000 Briten, nach dem Kampf, Dezember, waren die Alliierten, Franzosen und Briten, zwölf Kilometer weiter, 200 000 tote Franzosen, 420 000 tote Briten, 500 000 tote Deutsche.

Stolz sei sie auf Tapfere und Selbstlose, die im Zeichen der Freiheit ihr Leben hingaben, sagt sie, links Western Union, rechts Pizza on Demand, Saville Funeral Service, eine Wäscherei, an den Fenstern, von den Lautsprechern aufgeschreckt, stehen Kinder im Schlafanzug, indische Gesichter, es ist Sonntagnachmittag in Harrow Wealdstone am Nordwestrand von London, Möwen über der High Street, Ecke Spencer Road. Harry Farrs Name, sagt die Bürgermeisterin, steht heute an diesem Mahnmal auf einem kleinen besonderen Schild. Das bedeutet nicht, dass er eine besondere Behandlung genießt. Denn sobald das Wetter wärmer ist und trocken, werden die Steinmetzen Harrys Namen zu den Namen seiner gefallenen Kameraden setzen. Das hätte er sich gewünscht, das wünscht sich seine Familie. Und Gertie fährt jetzt ein Lächeln übers Gesicht. Dreißig Tage Trockenheit braucht der Sandstein, damit er nicht bröselt, wenn sie ihn hauen. So lange wollen sie nicht warten, mir zuliebe, Gertrude Harris, geborene Farr, vierundneunzig und dem Tod so nahe wie dem nächsten Sommer. Manchmal, wenn sie allein in ihrer kleinen Wohnung sitzt, 16 Belmont Lodge, und aus dem hohen Fenster schaut, wenn alles ruhig ist, nur die Vögel singen, denkt sie, wie wird es sein, wenn ich hinüber bin? Dass es ein Drüben gibt, daran zweifelt Gertie Harris nicht. Vater, Mutter, Stiefvater, Halbbruder, Sohn, Ehemann sind schon dort. Harry Farr, denkt sie, mein Vater, wird Uniform tragen, so schön und jung wird er sein wie auf dem einzigen Bild, das sie von ihm hat, in Uniform beim Fotografen, die Mütze hat er auf eine Brüstung gelegt, in der Rechten hält er weiße Handschuhe, in der Linken – ist das eine Zigarette?, Gertie kann gut verstehen, dass Mama sich in Harry verliebte an einem Sonntagnachmittag in der Wornington Road, wo die ganze Welt wohnte.

Die Bürgermeisterin sagt, ich lade den Bischof von Willesden nun ein, mit uns eine Andacht zu feiern. Der Bischof, langes lila Kleid, das Haar kurz und gefettet, spricht ins Mikrophon, wir haben uns heute hier gefunden, eines Mannes zu gedenken, der im Krieg Verachtung erfuhr, Niedertracht und schließlich den Tod, verursacht durch eine ungerechte, launische Militärjustiz. Wir bezeugen diesem Mann unseren Respekt und setzen seinen Namen auf die Ehrentafel, eingedenk der Jahre, da seine Liebsten litten unter dem Schmerz der Behauptungen, die gegen Harry Farr erhoben worden waren.

Harry machte in die Hose, er zitterte, zitterte noch im Schlaf. Ein Feldarzt befahl ihn ins Lazarett, dort befahlen sie ihn zurück aufs Feld, Private Farr sei nicht verletzt, also kampftauglich. Den Satz, den ein Offizier schrie, weiß Gertie auswendig, Gertie kennt die wenigen Akten, die geblieben sind, Private Farr, you are a fucking coward and you will go to the trenches. I give fuck all for my life and I give fuck all for yours and I'll get you fucking well shot, Soldat Farr, Sie sind ein beschissener Feigling, und Sie gehen jetzt zurück in die Schützengräben. Mein Leben ist mir keinen Scheiß wert, genauso wenig wie das ihre, und ich werde dafür sorgen, dass Sie verdammt noch mal erschossen werden. Zwei Soldaten nahmen Harry Farr in ihre Mitte, zerrten ihn an die Front, Harry stieg nicht in den Graben, Verhaftung am 17. September 1916, Private Farr kam vors Militärgericht, 2. Oktober 1916, Aktenzeichen WO 71/509, Harry verteidigte sich selber, ein Arzt, der für ihn hätte sprechen können, lag verwundet in einem Zelt, zwanzig Minuten Prozess, 1353 Worte,

Anklage: Artikel 4.(7) Army Act (Feigheit vor dem Feinde),

Verteidigung: Unschuldig,

Urteil: Schuldig. Tod.

Der Morgen graute, Harry zitterte nicht, er verbat sich die Augenbinde, sah ihnen, als sie schossen, ins Gesicht, shot at dawn. Eines Tages, ein halbes Jahr nach der Hinrichtung ihres Mannes, als die Witwe im Postamt war, um das wenige Geld abzuholen, die Kriegspension, die sie seit zwei Jahren abholte, sagte die Dame am Schalter, tut mir leid, Mrs Farr, Sie bekommen nichts mehr, Mama wurde wieder Magd, Dienstmädchen, das Zimmer, in dem wir lebten, konnten wir nicht mehr bezahlen, wir zogen nach Surrey, und das ist Gertie Harris früheste Erinnerung, das riesige Haus, in das sie zogen, Mama als Magd, Gertie an ihrer Hand, große reiche Obstbäume standen hinter dem Haus, und die Herrschaft gab ihnen ein kleines Töpfchen Konfitüre, ein sehr kleines Töpfchen, das reichen musste für eine ganze Woche. Sie blieben nur Monate, wechselten nach Hampstead ins Haus von Lord und Lady Arkwright, die in Deutschland eine Glasfabrik besaßen, anständige Leute, Eltern dreier Mädchen, das jüngste wenig älter als ich. Entwuchs dieses Kind seinen Kleidern, bekam Gertie sie, alles hatte ich, ihre Spielzeuge, ihre Puppen, ich war glücklich, durfte mit ihnen auf der gepolsterten Kirchenbank der Arkwrights sitzen, wie eine Adlige, alles hatte ich, aber nichts Eigenes, nachts, in unserem Zimmer unter dem Dach, war ein Lumpen meine Puppe, zwei Knöpfe daran, die Augen. War ich krank, schloss mich Mama ins Zimmer, sie sagte, hier bleibst du den ganzen Tag, komm nicht raus, wenn du rauskommst, steckst du ihre Kinder an, und dann verliere ich meine Stelle, Mama wollte nicht, dass ich weinte, sie sagte, hör auf zu heulen, sonst hört dich die Herrschaft, und dann verliere ich meine Stelle. Gertrude Farr, Witwe von Harry, ging oft zur Kirche, und einmal, vielleicht im Jahr 1917, bat der Priester sie zu warten, er holte einen Brief, das Schreiben eines Kaplans, eines Freundes, der Zeuge war, als Harry starb, Harry Farr habe nicht gezittert, nicht geweint, sich die Augenbinde verboten, a finer soldier never lived, schrieb der Kaplan, einen besseren Soldaten hat es nie gegeben.

Drei Männer, strenge alte Gesichter, stehen steif neben dem Glockentürmchen in Harrow Wealdstone, 18. Februar 2007, Orden glänzen und Fahnen flattern, The Royal British Legion Winterslow Branch, ein Trompeter steht auf dem Buchstaben T, ein Dudelsackpfeifer auf P, und Gertie, den Blick ins Überall, weint stumm. Die Bürgermeisterin dreht sich zum Bischof und liest vom Blatt, Bischof, im Auftrag des Volkes des Londoner Stadtteils Harrow lade ich Sie ein, diesem Mahnmal den Namen Harry Farr beizufügen. Und der Bischof tritt zum Stein, zeichnet mit dem Finger ein Kreuz darauf, im Namen des Vaters, des Sohnes und des heiligen Geistes fügen wir diesem Mahnmal den Namen dessen bei, der im Krieg für sein Land starb, aber, in einem Akt des Unrechts, hingerichtet wurde von den eigenen Kameraden, Harry Farr. Er verlor, was ihm lieb war, er erlitt Mühsal, ertrug Gefahren und ging den Pfad der Pflicht und Aufopferung, indem er sein Leben gab, damit andere in Freiheit leben. Gertie Harris beißt sich auf die Unterlippe.

Sie trug ein weißes Kleid, Rosen darauf, ein wunderbares weißes teures Kleid mit Rosen, sie war neun Jahre alt, als ihre Mutter, Witwe von Harry Farr, William Batstone heiratete, 1922, einen Busfahrer aus der Wornington Road, der mit Harry zur Schule gegangen war. Der neue Vater atmete laut, er hatte nur eine Lunge, die andere, nach einem Giftgasangriff, war in Frankreich geblieben, er hinkte, Beindurchschuss, und er gab Gertie, als sie nach der Hochzeit nach Hause kamen, den Schlüssel zum Zimmer, du bist nun ein großes Mädchen, schließ auf, ich war sehr glücklich, überhaupt war ich sehr glücklich mein ganzes Leben lang, mit meinem neuen Vater, dann mit Frank Harris, meinem

Mann, den ich im Tanzkurs kennenlernte, ich war sechzehn und liebte ihn sofort, ich liebe ihn noch, wir hatten drei Kinder, Brian, Valerie, Jane, später, als sie groß waren, erzählte er ihnen, er habe sich verliebt in mich nur deshalb, weil er durch den dünnen Rock, den ich damals trug, meine schönen Beine sah, schön sind sie nicht mehr, aber alt und geschwollen, meine lieben Beine, eins davon hat nun ein neues Hüftgelenk, seit ich vom Gehsteig fiel zwei Tage vor meinem 94. Geburtstag. Irgendwann in den fünfziger Jahren kam Harrys Schwester Nelly, die vor langer Zeit nach Amerika ausgewandert war, zu Besuch an die Wornington, North Kensington, man feierte und trank, Gertrude Farr war dabei und Gertrude Harris, Mutter und Tochter, und Nelly fragte, was hör ich da?, was erzählt man sich Seltsames, wie Harry gestorben sei? Hör auf zu fragen, sagten Harrys Brüder, darüber reden wir nicht. Als wir nach Hause fuhren, fragte ich Mama, was hat Tante Nelly gemeint? Die Mutter schwieg, dann erzählte sie. Und sagte, aber er war kein Feigling, ich weiß es, ich weiß es genau, dein Vater war kein Feigling, er war krank vom Krieg. Und ich, ich konnte zuerst nicht schlafen, mein Vater ein Feigling, ein Feigling mein Vater, und schwieg weitere vierzig Jahre, erzählte es nur Frank, meinem Mann, den Kindern nicht, die wussten es nicht. Und so ging das Leben weiter und weiter, meine Liebsten starben, einer nach dem andern, Halbbruder, Sohn, Ehemann. Dann, 1992, fuhr ich einmal mit meiner jüngsten Tochter Janet zu Mama, Janets Großmutter. Janet sagte, ich reise nach Frankreich in die Ferien, dort könnte ich doch Großvaters Grab besuchen, wo liegt das denn? Gertrude und Gertrude sahen sich in die Augen, schwiegen, sahen sich an, begannen zu reden. Wenn Harry Farr kein Feigling war, sagte die Jüngste, dann geschah ihm Unrecht, was tun wir dagegen? Gertrude Harris nahm sich einen Anwalt, Janet schrieb Brief um Brief, verlangte Akten, dreimal waren wir im High Court und sagten, Harry Farr war kein Feigling, er war tapfer, aber krank, dreimal waren wir dort, Premierminister John Major sagte, man könne nicht umschreiben, was geschehen sei, man sagte, es gibt kein Gesetz, das eine Ehrenrettung erlaubt, man könne heute nicht unterscheiden, wer wirklich feig gewesen sei und wer krank, immer wieder, wir schrieben ans Parlament, Unterhaus, Oberhaus, vierzehn Jahre lang, Gertrude Harris saß in ihrem liebsten Sessel neben dem Telefon und begriff nicht, als am frühen Abend des 15. August 2006 ihr Anwalt anrief, Gertie, you've got it, sie saß in ihrem Sessel und wollte nicht dumm sein und fragte, tut mir leid, ich verstehe Sie nicht. Er sagte, Harry ist rehabilitiert, kein Feigling mehr, alle 306 Briten, die im ersten Krieg standrechtlich erschossen wurden, sind rehabilitiert. Die ganze Nacht konnte ich nicht schlafen, überlegte, ob ich träumte. Am anderen Morgen rief ich ihn an und sagte, ich glaube es erst, wenn ich es schwarz auf weiß habe, und das hat Gertrude Harris seit drei Wochen, unter Glas leuchtet die Wahrheit an der Wohnzimmerwand, 16 Belmont Lodge, unterschrieben vom Verteidigungsminister des Vereinigten Königreichs, Des Browne, dieses Dokument hält fest, dass Soldat Harry Farr, 1st Batallion West Yorkshire Regiment, hingerichtet am 18. Oktober 1916 wegen Feigheit, nach Artikel 259 der Armed Forces Act 2006 begnadigt ist. Damit ist anerkannt, dass er eines von vielen Opfern des Ersten Weltkriegs war, und dass die Hinrichtung ein Schicksal war, das er nicht verdiente, The Secretary of State for Defense.

Und jetzt schmettert der Trompeter seinen letzten Gruß in die Straßen von Harrow Wealdstone am Nordwestrand der

Stadt London, es ist Sonntag, drei Fahnen senken sich auf den Asphalt, der Verkehr hält still und auch die Möwen, und Gertie, im Fünfundneunzigsten, legt zitternd einen Kranz aus künstlichen roten Blumen nieder, in liebender Erinnerung an Harry Farr, unvergessen von seiner Familie, die jederzeit daran glaubte, dass er ungerecht behandelt wurde, ruhe in Frieden, Gertrude Harris, Tochter.

Mit keiner
Menschenseele

Die Frau heiße Agnes.

Agnes ist einundfünfzig Jahre alt, und sie weiß nicht, wer sie ist. Alles ist hell, die Wände, das Bett, ihre Hände. Sie schließt die Augen, sie möchte schlafen oder sterben. Um ihre Arme sind Binden geschlagen. Nichts oder alles tut weh.

Der Notfallarzt schreibt: Mehrfache scharfrandige quer zur Armlängsrichtung verlaufende Haut- und Weichteildurchtrennungen an beiden Handgelenksinnenseiten sowie im Ellbogenbereich links innen, dazu unterschiedlich geformte scharfrandige Hautdurchtrennungen auf dem Brustbein rechts, in der rechten Brust sowie an der Halsvorderseite mit scharfkantiger Durchtrennung der Weichteilgewebe.

Agnes G. Während eines Gewitters wurde sie geboren, am Morgen des 11. Juli 1949, kurz nach dem Läuten der Glocken in der nahen Kapelle, Hausgeburt. Der Vater, ein leiser Mensch, arbeitete bei der Bahn, ein Gleisbauer. Agnes war das dritte von vier Kindern. Unsere Agnes war ein normales Kind, sagt die Mutter. Agnes sprach nie viel. Am liebsten spielte sie mit einem Reh, das der Vater eines Tages verletzt nach Hause brachte. Das Reh, weil es so große Augen hatte, hieß Agnes.

Protokoll-03: Gemäß chemisch-toxikologischer Analyse vom 27.10.2000 stand Frau G. nicht unter dem Einfluss von Drogen, Medikamenten oder Alkohol.

Eine Frau tritt in den Raum, Zimmer 1010, setzt sich neben Agnes. Frau G., ich bin Polizistin. Was ist passiert?

Agnes sagt: Es ist Herbstmesse.

Ja, es ist Herbstmesse, sagt die Polizistin, Frau G., was ist passiert?

Agnes fragt: Wo bin ich?

Im Spital.

Wieso?, fragt Agnes.

Wissen Sie es nicht?, sagt die Frau.

Nein, sagt Agnes.

Sie wollten sich umbringen.

Ich? Mich? Das glaube ich nicht, spricht Agnes.

Agnes schweigt.

Was haben Sie gestern mit Karin gemacht?, fragt die Polizistin.

Agnes sagt: Karten gespielt.

Karin ist Agnes' Tochter, vierzehnjährig, rotes Haar.

Auch Odermatt hatte rotes Haar.

Bei Bäcker Odermatt ging Agnes einst in die Lehre, Agnes wurde Verkäuferin. Odermatt lobte sie. Agnes, neunzehn Jahre alt, zog dann in den Aargau, arbeitete in einem Laden der Migros. Ständig hatte sie Heimweh, sagt die Mutter. Agnes kam ins Dorf zurück. Odermatt schenkte ihr eine Halskette.

P-06: Am Tag nach der Tat verneinte Frau G. noch immer, dass es zwischen ihr und der Tochter Karin zu Tätlichkeiten gekommen sei. Auch verneinte sie, einen Suizidversuch unternommen zu haben, sie hätte gar keinen Grund dazu.

Agnes möchte schlafen.

Psychiater setzen sich an ihr Bett. Einer sagt: Frau G., es ist etwas Schlimmes geschehen. Agnes fragt nicht, was geschehen sei. Wie lange bin ich schon hier?, fragt sie. Warum besucht mein Mann mich nicht, mein Alois?

Alois G., Bodenleger und Chauffeur, war einst der Freund von Agnes' Schwester. Bis die Schwester den Alois nicht mehr wollte und ihn Agnes überließ. Heirat am 17. Mai 1975. Alois ganz in Weiß, rosa Krawatte. Agnes mit Nelken. Foto vor blühendem Kirschbaum. Bäcker Odermatt schenkte ein lebendes Ferkel. Der schönste Tag im Leben. Hochzeitsreise nach Ascona, Agnes hatte Heimweh, Alois verstand nicht. Agnes wurde Mutter, gebar zwei Söhne, 1977 und 1980. Einmal im Jahr rief Odermatt an, bat Agnes an seinen Brotstand während der Herbstmesse. Agnes ging. Agnes half. Agnes und Alois waren ein schönes Paar. Sie hielten sich oft an den Händen, küssten sich am Morgen, am Mittag, am Abend. Küssten sich, wenn sie mit Trinkgläsern anstießen. Gehört sich so. Alois war im Männerchor, Agnes bei der CVP. Sonntags zwangen sie ihre Söhne zu sich in die Kirchenbank, erlaubten nicht, dass sie saßen, wo die anderen Buben des Dorfes saßen. Die Knaben trugen Uniformen. Als Agnes ihre Tochter Karin gebar, befahl sie der Hebamme, Alois anzurufen und ihm zu sagen, er brauche zur Geburt nicht zu kommen. Alois kam trotzdem, er freute sich, Agnes weinte sehr. Odermatt brachte Blumen. Es war der 20. Juni 1986.

Agnes weiß nichts.

Der Psychiater schreibt: Verdacht auf dissoziative Amnesie (ICD–10 F 44.0) bei noch unklarer Grundkrankheit. Zyprexa® 2 x 5 mg und Nozinan® 50 mg, bei Bedarf 5 mg Valium®.

Agnes schläft in einem weißen Bett. Manchmal öffnet sie ihre großen Augen und schweigt.

Alois erzählt im Dorf, sogar die Küchendecke sei voller Blut gewesen, sogar das Fenster. Wie in einem Schlachthaus. Am Mittwoch ist Beerdigung. Alle Schulklassen sind in der Kirche. Alois und die zwei Söhne in der ersten Bank, Karin im Sarg. Der Blauring spricht Fürbitten, die Oberstufe singt und schlägt Instrumente, der Pfarrer redet von Gottes unerfindlichem Weg. Karin kommt ins Grab ihres Großvaters. Agnes liegt in der Psychiatrie. Alles ist hell, die Hände schmerzen. Sie ist Linkshänderin, sagt die Mutter.

Nach dem Mittagessen habe sie das Geschirr abgewaschen, erzählt Agnes der Polizistin. Agnes redet langsam. Und dann habe ich, glaube ich, Quitten gewaschen. Die hatte ich am Tag zuvor bei meiner Mutter geholt.

Das stimmt, sagt die Mutter, Agnes war sehr anders, sie sprach fast nichts, als sie die Quitten holte, sie war unruhig, rauchte ständig, die Stiefel, die Agnes trug, waren ihr viel zu groß, Agnes hatte Kopfschmerzen und zerzaustes Haar, sie war so ungepflegt, und an ihrem Hals, irgendwie, war ein Loch, eine Vertiefung, Agnes Hals war sehr eingefallen.

Und nach dem Quittenwaschen? Was geschah dann?, fragt die Polizistin.

Ich weiß es nicht, sagt Agnes. Sie ist bleich, sie lächelt nicht, Agnes ist müde. Nächtelang habe ich darüber nachgedacht, ich weiß es nicht, es kommt mir nicht in den Sinn. Ich weiß nicht, woher ich diese Schnitte am Arm habe, die Stiche in der Brust. Es ist mir noch nie passiert, dass ich mich nicht erinnern kann. Agnes wimmert. Ich kann einfach nicht glauben, dass ich Karin getötet habe. Wir hatten doch keinen Streit, nie hatten wir Streit, nie und nie, wir waren alle sehr glücklich, eine wunderbare Familie, und wenn es etwas zu bereden gegeben hätte, dann hätten wir sicher darüber geredet. Wir waren alle sehr glücklich. Wahrscheinlich hat mir Karin beim Quittenwaschen geholfen, ich weiß es nicht.

Unsere Agnes war ein normales Kind, vielleicht etwas verschlossen, aber normal, sagt die Mutter.

Manchmal schenkte Agnes ihrem Ältesten zwanzig Franken, damit er sonntags die Kleider anzog, die Alois gefielen, hellblaues Hemd, grüne Krawatte. Weigerte er sich, mit in die Kirche zu gehen, verbot ihm Alois eine Woche lang den Autoschlüssel. Agnes widersprach nicht. Agnes weinte, als der Sohn in die Rekrutenschule musste. Sie zündete eine Kerze an, ließ sein Zimmer unberührt. Oft besuchte sie das Grab ihres Vaters, betete oder redete. Sie machte der alten Nachbarin die Frisur, wusch deren Böden, Agnes war Revisorin der Kirchenverwaltung. Manchmal sagte Alois: Könntest dich auch mal ein bisschen schminken. Alois ging in den Fitnessklub, salbte Haar und Gesicht. Neben die Haustür schraubte er eiserne Schnörkel, zwei große A, Agnes und Alois, umfasst von einem Herz. Agnes hatte immer Kopfweh.

P-07: Am dritten Tag (30.10.2000, 14.35 Uhr) nach der Tat erklärt Frau G., sie glaube, sie habe mit einem Messer mit schwarzem Griff Quitten gerüstet, mit einem Fleischermesser, dann müsse sie irgendwie einfach nicht mehr bei Sinnen gewesen sein und habe sich den linken Unterarm aufgeschnitten. Erklären könne sie sich dies nicht, weil sie eine so starke Linkshänderin sei, sie könne mit der rechten Hand nichts machen. Aber anscheinend habe man eine Wahnsinnskraft, wenn man so etwas mache. Und dann müsse wohl irgendwie ihre vierzehnjährige Tochter Karin hinzugekommen sein. Und dann habe sie ihr das auch gemacht. Ich denke, Karin hat dann so fest geblutet, dass ich dachte, Karin solle wegen mir nicht leiden. Karin war ein Kind, das nie etwas gegen sein Mami machte. Und da dachte ich wohl, es sei besser, wenn meine Karin gerade ganz stirbt, dann ist Karin gerade im Himmel bei Opa.

Hat Karin sich gewehrt?

Vielleicht.

Denken Sie nach.

Vielleicht schon. Vermutlich war es dann so weit, dass ich dachte … oder vielleicht ist Karin auch sofort zusammengefallen.

Und dann?, fragt die Polizistin.

Dann habe ich ihr nichts mehr getan. Nachher habe ich gedacht … ich weiß nicht, was ich nachher dachte.

Agnes weint und wimmert. Alles ist hell. Sie reibt die Hände. Die Hände schmerzen.

Am Tag der Beerdigung besucht Alois Agnes in der Psychiatrischen Klinik. Agnes redet wenig. Alois riecht nach Parfüm. Er liebt die Frauen. Ich bin nicht eifersüchtig, sagt Agnes.

P-10: Auf Vorhalt, sie habe ihre Tochter Karin nicht nur an den Armen, sondern auch am Hals verletzt, antwortet Frau G.: Sie habe ihre Tochter ganz sicher nicht am Hals geschnitten, sie wisse, dass sie geschnitten habe. Aber dass sie am Hals geschnitten habe, könne sie sich einfach nicht vorstellen. Sie sei nicht bei sich gewesen, sie müsse an einem anderen Ort gewesen sein, sie wisse das nicht mehr.

Karin war Agnes' Allerliebstes, sagt die Mutter.

Agnes war gut. Agnes war tüchtig, passte sich an. Manchmal brachte die Mutter Salat ins Haus am Dorfrand. Agnes schüttete ihn sofort in ein eigenes Gefäß, damit Alois, wenn er zum Essen nach Hause kam, nicht merkte, dass nicht sie den Salat gewaschen hatte. Sie widersprach nie. Hörte nur zu, wenn andere über andere redeten. Eine Freundin erzählte ihr von der Untreue ihres Mannes. Die Freundin weinte, Agnes tröstete. Sie ist herzensgut, sagt die Mutter. Kam Alois nachts nicht nach Hause, zerwühlte Agnes sein Bett. Die Kinder sollten nichts merken. Niemand. Ich bin nicht eifersüchtig. Manchmal wanderte sie durch die Dörfer, fünf Kilometer weit, brachte Alois das Znüni. Wollte bei ihm sein. Agnes passte sich dem Leben an.

P-13: Es fand sich eine gewisse Unregelmäßigkeit im Elektroenzephalogramm mit einer Frequenzlabilität und Betawellenvermehrung, die als funktionelle dynamische Labilität interpretiert werden kann oder als Normvariante. Zum Ausschluss einer hirnorganischen Krankheit wurde ein Computertomogramm des Gehirns durchgeführt, dieses war altersentsprechend normal.

Warum nur, Agnes?, fragt die Mutter.

Warum?, fragen die Schwestern, als sie Agnes in der Klinik besuchen.

Agnes schweigt.

Frau G., wie war Ihre Kindheit?

Schön. Unbeschwert.

Wie ist Ihre Ehe?

Schön, antwortet Agnes, mein Mann ist arbeitsam, er kümmert sich um die Familie, bringt immer genügend Geld nach Hause. Mein Mann ist ein Lieber. Er erfüllt mir jeden Wunsch. Ich kann gegen ihn nichts sagen.

Agnes schickte ihre Söhne zur jährlichen Blutspende. Gehört sich so. Karin verbot sie es. Warum?, fragte die Tochter. Das verstehst du nicht, sagte Agnes. Agnes sagte: Meine

Tochter Karin hat Sorgen, Karin ist einsam und traurig, kann mit niemandem reden. Agnes warf die goldene Halskette weg, die Odermatt einst schenkte. Agnes sagte: Karin ist zu dick, ihr Haar zu rot. Im Dorf hieß es: Die Karin ist ihrer Mutter aus dem Gesicht geschnitten.

Odermatt war dick.

Agnes wollte, dass Karin an Gewicht abnimmt. Um der Tochter zu helfen, hungerte die Mutter mit. Karin nahm zu, Agnes ab. Jedes Jahr im Herbst besuchte man die Herbstmesse in der Stadt, besuchte Odermatt an seinem Stand.

Gefüllte Kalbsbrust an Ostern.

Fondue chinoise an Weihnachten.

Russischen Salat an Silvester. Agnes gab ihren Söhnen zwanzig Franken, damit sie bis Neujahr zu Hause blieben.

P-17: Wie eine Explosion sei es gewesen, etwas ganz Inneres und ganz Tiefes, wie eine Stimme. Frau G. habe ihre Tochter Karin zu sich in die Küche gerufen, sie habe das Fleischermesser in der Hand gehabt, habe Karin in beide Unterarme geschnitten, die Tochter sei etwas weggegangen, sie habe sie am Pullover gehalten und sie zu Boden gelegt. Karin habe gar nichts gesagt, sich nicht gewehrt. Frau G. habe auch eine Schnur benützt, sie habe ihrer Tochter die Schnur um den Hals gebunden und ziemlich fest zugezogen. Auf Vorhalt gab Frau G. dann an, der Tochter auch Schnittwunden im Halsbereich beigebracht zu haben. Während der Einvernahme weinte Frau G. fortwährend.

Hat Ihre Tochter etwas gesagt? Hat sie geschrien?

Nein.

Haben Sie Ihrer Tochter etwas erklärt oder gesagt?

Nein.

Und dann?

Weiß nicht.

Denken Sie nach.

Ich weiß nicht mehr, wie es in der Küche aussah. Ich ging ins Badezimmer.

Und dann?

Dann steckte ich mir das Messer in die Brust.

Ja, sagt die Polizistin.

Ich steckte mir das Messer in die Brust, weil ich einmal ein Bild von Jesus sah. Jesus mit blutendem Herzen.

Alois schenkte Agnes eine Personenwaage. Agnes nahm acht Kilo ab. Jeden Samstag putzte sie Alois' Schuhe, wischte den Parkplatz vor dem Haus am Dorfrand. Sonntags hängt man keine Wäsche ins Freie.

Man hätte doch über alles reden können, sagt die Mutter.

Haben Sie und Ihr Mann nie gestritten?

Es gab keinen Grund, sagt Agnes.

Eine allzeit glückliche Ehe?

Ja.

Ja?, fragt der Psychiater.

Ich bin nicht eifersüchtig.

Gab es Grund dazu?

P-22: Frau G. habe seit 1996 oft Anrufe bekommen, dass ihr Mann fremdgehe, und sie habe annehmen müssen, dass dem so sei. Frau G. habe eigentlich nie gewusst, um welche Frauen es sich handle, sie habe sich jeweils laut eingeredet, ihr Mann sei im Männerchor und nicht bei anderen Frauen. Ihren Mann habe sie nie auf die Drittbeziehungen angesprochen. Sie könne sich erinnern, dass einmal ein Brief gekommen sei von einem Mann aus L., der geschrieben habe, Herr Alois G. gehe mit seiner Frau fremd und jene leide an Aids.

Und? Hat Ihnen dies nichts ausgemacht?

Doch, sagt Agnes. Sie reibt die Hände. Ich … ich weiß nicht.
Es tat so weh.

Als Alois, der Chauffeur, vom Lastwagen auf einen Linien-
bus wechselte und eine blaue Uniform anzog, sagte Agnes'
Schwester im Spaß: Pass auf den Alois auf, Uniformen machen sexy. Agnes antwortete: Der Alois doch nicht. Ich bin
nicht eifersüchtig. Nachts, wenn der Männerchor probte,
stand Agnes am Fenster, das zur Garage ging. Sie stand und
wartete und stand. In der Zeitung las Agnes von einem
Kind, das beim Schwimmen ertrank. Agnes schickte Karin
zum Schwimmen. Agnes reiste nach Einsiedeln, sprach mit
einem Priester des Klosters. Sie sei verzweifelt, ihre Tochter
so dick. Der Mönch sagte: Gott hat andere Sorgen. Agnes
befahl Karin über gefährliche Straßen, auf eine hohe Leiter. Karin war zwölf, dann dreizehn, vierzehn. Agnes ver-
brannte Fotos, die Odermatt zeigten. Karin war so ein normales, lustiges Kind, sagt Agnes' Mutter. Agnes fragte ihre
Tochter: Möchtest du nicht Fallschirm springen? An manchen Morgen, wenn die Kinder aus dem Haus waren, stellte
Agnes Kerzen auf den Stubentisch, ein Kreuz und Karins
Bild. Dann betete sie: Liebgott, hilf mir doch.
P-23: Am 24.11.2000 hatte sich der Zustand deutlich gebes-
sert, die Medikation wurde auf das Antidepressivum Sur-
montil® umgestellt. Frau G. lehnte eine Psychotherapie ab.
Sprachen Sie mit Ihrem Mann über die Beziehungen, die er
zu anderen Frauen hatte?
Ich hatte Angst, ihn zu verlieren.
Agnes schweigt.
P-23: Hinweise auf eine Geisteskrankheit oder eine schwere
Gemütskrankheit ergaben sich nicht.
Agnes sagt: Es ist wegen dem 29. September 1985.

Was war am 29. September 1985?

Agnes weint.

Ich kann es nicht sagen. Ich schäme mich so. Jede freie Minute habe ich gebetet, als ich merkte, dass Alois andere Frauen hat. Jede freie Minute. Damit nichts auskommt.

Was durfte nicht auskommen?

P-31: Sie habe den Rosenkranz gebetet, die Bibel und andere fromme Bücher gelesen, sie sei nach Einsiedeln und Maria Bildstein gefahren, um Buße zu tun. Kerzen habe sie gekauft und Almosen gegeben. Alles habe sie abgespart, sie habe kaum etwas für sich gebraucht. Wenn Karin Probleme hatte – und Probleme hatte Karin ständig –, hatte ich Engelsgedanken, nie Mordgedanken. Karin sei für sie der Herrgott gewesen, und sie habe an eine Auferstehung geglaubt. Sie hätte ihre Tochter nie umbringen können, sie habe für alle Probleme immer nur gebetet, sie habe eigentlich auch an der Familie nichts ändern wollen, nur dass ihr Mann nicht mehr fremd gehe, dies sei ihr einziger und größter Wunsch gewesen.

Ich war niemand mehr, sagt Agnes.

Frau G., was durfte nicht auskommen?

Agnes liegt im Bett. Alles ist hell, die Wände, die Tücher, der Himmel. Sie reibt die Hände. Ihre Lippen zittern.

P-33: An der Herbstmesse 1985, Hrn. Odermatt J. an seinem Brotstand aushelfend, sei es mit demselben zum Geschlechtsverkehr gekommen, ein einziges Mal, ihr Ehemann wisse bis heute (3.12.2000) nichts davon. Und das habe sie ihr Lebtag lang immer sehr belastet, weil sie sich ihrem Mann gegenüber schuldig befunden habe. Sie könne sich an das Datum des Geschlechtsverkehrs mit Hrn. Odermatt J. deshalb so genau erinnern, weil sie Angst gehabt habe, von ihm schwanger geworden zu sein. Dies habe sie bis in die jüngste Zeit sehr heftig beschäftigt, insbesondere dann, wenn ihr Mann fremdging. Und je älter Karin wurde, desto mehr glich sie Odermatt. Ich hatte Angst, Alois würde es irgendwann merken. Und dann würde er mich verlassen.

Reden Sie, sagt der Psychiater.

Mit keiner Menschenseele, sagt Agnes, habe ich je darüber gesprochen.

P-36: Eine DNA-Analyse des Instituts für Rechtsmedizin in B. zur Abklärung der Vaterschaft ergab, dass Herr Odermatt J., geb. 08.02.1933, mit 99,9 prozentiger Wahrscheinlichkeit als Vater der verstorbenen G. Karin anzusehen ist. Damit ist die Vaterschaft praktisch erwiesen.

Agnes bricht zusammen.

Immer kleiner und kleiner bin ich geworden. Nächtelang habe ich gebetet, dass Karin wie Alois wird, dass Karin aussieht wie er. Und nicht wie Odermatt. Frau G. habe gemerkt, dass dies nicht gehe. Später habe sie gebetet, dass Karin zu einem Engel werde. Stundenlang habe sie vor dem Kreuz gesessen, allen Klöstern Geld geschickt. Sie habe gemerkt, dass das Ganze nichts bringe.

Geh schwimmen.

Möchtest du nicht Fallschirm springen?

Karin, sagt Agnes, war die Liebe selbst. Deshalb hat sie sich ja auch nicht gewehrt.

P-37: Es ist davon auszugehen, dass bei Frau G. eine eigentliche Persönlichkeitsstörung im Sinne moderner psychiatrischer Klassifikationssysteme wie der ICD-10-Klassifikation der WHO vorhanden ist.

Es war wie eine Explosion.

Agnes unterschlug uns ihr Leben, weint die Mutter.

Mit keiner Menschenseele.

Die Anklageschrift: Am Nachmittag des 27. Oktober 2000 zw. 13.00 und 14.00 rüsteten Frau Agnes G. und ihre Tochter Karin im Kochbereich der Küche Quitten. Dabei teilten sie, jede für sich allein arbeitend, rohe Quitten auf einem Rüstbrett aus Holz mit einem Messer in Stücke und legten sie nachfolgend in ein bereitstehendes Kochgeschirr. Beide verrichteten die Arbeit stehend in Fensternähe beim Ausguss. Benützt wurden ein Fleisch- und ein Brotmesser, von der Angeschuldigten gemäß ihrer Aussage das erstere, von Karin das letztere. Offen ist, ob und allenfalls worüber die beiden miteinander sprachen. Nach ca. 10 Minuten ab Arbeitsbeginn, allenfalls auch später, setzte die Angeklagte ihren Entschluss um, Karin umzubringen. Die Angeschuldigte verließ zu diesem Zweck ihren Arbeitsort und begab sich zum Schnurspender, welcher hinter der Küchentüre zum Flur an der Wand aufgehängt ist. Dort schnitt sie mit dem Messer, das sie vorher zum Rüsten verwendete, ein Stück Hanfschnur von gut einem Meter Länge ab. Hernach trat sie von hinten an ihre ahnungslos, mit dem Rüsten von Quitten beschäftigte und beim Ausguss befindliche Tochter heran, legte ihr das Schnurstück um den Hals, zog dieses kräftig zu und versuchte sie auf diese Weise zu erdrosseln. Karin ging dann, wohl zufolge Atemnot benommen, zu Boden. Darauf brachte die Angeschuldigte dem Opfer mit einem der beiden zuvor zum Rüsten verwendeten Messer an den Unterarmen tiefe Schnittwunden bei. Dabei wurden dem Opfer im Bereich beider Handgelenke innenseitig Sehnen und Arterien durchgetrennt. In der Folge kam das Opfer wieder zu sich und versuchte zu fliehen. Von der Angeschuldigten verfolgt und gehalten, kam es zwischen den beiden in der Küche zu einem heftigen und wohl auch verzweifelten Handgemenge. (Jedenfalls deuten die zahlreich

in der Küche auf dem Boden sowie an Wänden und Möbeln vorgefundenen Blutspritz-, Abklatsch- und Abrinnspuren klar auf eine solche Auseinandersetzung hin.) Dabei wurde dem Opfer der Pullover und möglicherweise auch der Büstenhalter gewaltsam abgestreift. Das Opfer ging dann im weiteren Verlauf der Auseinandersetzung, der Angeschuldigten unterlegen und aufgrund der beigebrachten Verletzungen geschwächt, im Kochbereich der Küche erneut zu Boden. Wiederum versuchte die Angeschuldigte das Opfer zu strangulieren. Dabei versuchte sie dieses mit einem geeigneten Gegenstand – dem Büstenhalter des Opfers, deren Lederhalsband oder einer Schnur – ein weiteres Mal zu erdrosseln. Im Anschluss daran brachte die Angeschuldigte dem Opfer schließlich mit einem der beiden Messer, mit größter Wahrscheinlichkeit mit dem Brotmesser, weitere tiefe Schnittverletzungen am Hals bei. U. a. trennte sie diesem die Luftröhre vollständig durch und eröffnete die Speiseröhre zu 2/3. Dabei schnitt sie mit dem Messer nicht nur, sondern sägte recht eigentlich. Zufolge dieser Verletzungen verblutete das Opfer und verstarb.
Wir hatten es immer so schön, sagt Agnes.

Schweizerische Depeschenagentur: Mutter ersticht Tochter. Eine Frau muss viereinhalb Jahre ins Gefängnis: Die heute 52-Jährige brachte ihre 14 Jahre alte Tochter um – weil sie Angst davor hatte, ihr Ehemann merke, dass er nicht der leibliche Vater des Kindes sei und sie darum verlassen werde.

An seinem Geburtstag ruft Agnes Alois an. Agnes sagt: Du bleibst ewig mein geliebter Mann.
Alois legt auf.

Jenseits von Kreuz
und Kragen

Zwei Männer starben Hand in Hand, Reátiga und Píffano, es war dunkel am Rand der Stadt Bogotá, nur das Licht des Autos brannte, in dem sie saßen, die Rechte des einen zitternd in der Linken des andern.

Gegrüßt seist du, Maria, voll der Gnade, der Herr ist mit dir.

Der Motor lief, Rafael Reátiga Rojas und Richard Armando Píffano, sechsunddreißig und siebenunddreißig Jahre alt, getröstet von ihrem liebsten Besteck, dem Rosenkranz und einem Medaillon der Wundertätigen Jungfrau, beteten stumm, rechts ein paar Häuser aus Stein und Blech, links ein Kanal, gefüllt mit Plastik und Kot.

Du bist gebenedeit unter den Frauen, und gebenedeit ist die Frucht deines Leibes.

Zwei Kugeln schlugen in Reátigas Kopf, neun Millimeter, drei in Píffanos, 7.65, wahrscheinlich um 19 Uhr 30, Carrera 94 B Avenida Calle 43 Sur.

Dann heulte ein Motorrad auf, zwei Schatten, und verschwand in der Nacht des 26. Januar 2011.

Bereits vierundsiebzig Priester, acht Ordensleute und drei Seminaristen seien seit 1984 in Kolumbien ermordet worden, gab der Sekretär der Bischofskonferenz am nächsten Morgen seiner Bestürzung Ausdruck. Schnell setzte der Staat für Hinweise, die zur Festnahme der Täter führten, eine Summe von fünfzig Millionen Pesos aus, ein Vermögen, 21 000 Euro. Und vor der Kathedrale der Diözese Soacha, Jesucristo Nuestra Paz, standen Dutzende Gläubige, weinend, stumm, Reátigas Bild vor der Brust: Wir verurteilen das Verbrechen an unserem Pfarrer.

So sehr liebten sie ihn?

Daniel Caro Borda, Bischof von Soacha, Bougainvilleen vor vergitterten Fenstern, nickt aus tiefem Sessel.

Wer war Pfarrer Reátiga?

«Von mir», knurrt der Bischof, «erfährt keiner ein Wort.»

Monseñor, Sie wissen, was von Ihrem Priester behauptet wird?

Er weitet den steifen weißen Kragen mit kleinen Fingern, zupft an der Kette, daran ein großes silbernes Kreuz, und schweigt.

Rafael Reátiga Rojas, am Abend des 26. Januar 2011 hinter dem Lenkrad seines kleinen schwarzen Chevrolet Aveo, Kennzeichen CDX505, tot aufgefunden, ohne Geld, ohne Handy, Rufnummer 310 566 09 79, war das jüngste von acht Kindern, geboren in San Andrés, Departement Santander, eine Tagesreise nordöstlich von Bogotá. Als er zwei Jahre alt war, erstach ein Cousin im Streit den Vater, Reátiga, Ohren wie Flossen, war nun der Liebling seiner Mutter, die ihn nicht aus den Augen ließ, täglich das Grab ihres Mannes heimsuchte, mit dem Kleinen betete, mit ihm fastete. Eines Tages zogen Missionare durch die Gegend und lobten die Güte Gottes, Reátiga, zehnjährig, beschloss, so zu werden wie sie.

«Er war normal, fromm und gut», sagt jetzt der Bischof und deutet zum Bild des Herrn, das über dem Tisch hängt, «in seinem Acker arbeitete er hart.»

Monseñor, stimmt, was die Staatsanwaltschaft sagt?

Der Bischof schiebt die Lippen hoch.

Neunzehnjährig, verließ Reátiga die Mutter und zog nach Bogotá, Hauptstadt der Republik Kolumbien, wurde Schüler des Priesterseminars Santo Cura de Ars, Carrera 31 No 15-08 Sur, hohe Mauern, im Hof Beton. Dort war jemand, ein gutes Jahr älter, in der gleichen Klasse, Richard Armando Píffano, auch er aus dem tiefen Norden, schüchtern und dick, das jüngste von fünf Kindern, die Mutter Näherin, der Vater Tagelöhner, manchmal knieten Reátiga und Píffano vor der Statue der Muttergottes, vor dem gläsernen Schrein des Gekreuzigten, beteten sich ins Feuer, gemeinsam studierten sie Theologie an der Universidad de San Buenaventura, gemeinsam feierten sie den Tag ihrer Priesterweihe, 1. Juli 2000, 18 Uhr, Santafé de Bogotá, Reátiga und Píffano weinten in langen weißen Gewändern und legten sich vor dem Bischof auf den Boden, empfingen seinen Segen, seine Hände auf dem Scheitel.

«Wer ohne Sünde ist, der werfe den ersten Stein», haucht der Bischof.

Es stimmt also?

«Ich sage nichts. Das habe ich versprochen.»

Wem haben Sie das versprochen?

«Mir!», sagt der Bischof der Diözese Soacha, Elendsviertel im Süden der Stadt, eine Million Gläubige, ein Fünftel arbeitslos, und schaut zum Bild des Herrn, ein wunderbares Gemälde sei das, sagt Monseñor Daniel Caro Borda, leider behaftet mit einem Makel, Jesu Hände, genau betrachtet, seien etwas arg feminin.

Gemeinsam verlobten sich Rafael Reátiga Rojas und Richard Armando Píffano dem Fach der Bioethik, 2001 bis 2003, Päpstliche Universität Xaveriana zu Bogotá, Carrera 7 No 40-62, Sapientia aedificavit sibi domum, Salomons Urteil als Wahlspruch, Die Weisheit hat sich ein Haus gebaut.

Manchmal flogen sie in den Norden des Landes und besuchten ihre Familien in Bucaramanga und Cúcuta, Reátiga bei Píffanos, Píffano bei Reátigas.

Ende Juni 2006 wurde Rafael Reátiga Rojas, schmal und dunkel, Pfarrer an der Kathedrale Jesucristo Nuestra Paz in Soacha, und kaum im Amt, belud ihn der Bischof der Diözese mit den Aufgaben des Ökonomen, des Finanzverwalters.

Richard Armando Píffano, schüchtern, schwer, einsam, arbeitete in der Nähe, eine halbe Stunde entfernt, Parroquia San Juan de la Cruz, Stadtbezirk Kennedy, Diözese Fontibón, dort war er auch Lehrer an einer Schule, sang und spielte gern mit den Kindern, nahm sich ein Hündchen, ein Kätzchen, Simon und Sayaka, manchmal setzte er eine Perücke auf, wildes grünes graues Haar, und ließ sich fotografieren, manchmal zog er die Armeeuniform seines Schwagers an und machte den strengen General.

Ab und zu, in ihren freien Nächten, querten Reátiga und Píffano die Stadt, ließen das Elend hinter sich, die Schlachthäuser des Südens, die Ziegeleien, Staub und Lärm, Huren, Banden, sie stellten das Auto ab, wo niemand sie kannte, tranken Whiskey im Babilonia, nur Männer am Tresen, im Teatron oder Ferchos. Reátiga, jenseits von Kreuz und Kragen, hieß hier Germán, der lustige Germán.

Der ganze Reichtum der Kathedrale sei ihm zu verdanken, lobt der Bischof von Soacha. Pfarrer Reátiga, Gott hab ihn selig, sei so fromm wie charmant gewesen, wohl keiner habe es besser verstanden, die Gläubigen zu einer Spende zu ermuntern, diese Kronleuchter, diese Glasmalerei, der Kreuzweg, vierzehn Stationen, vierzehn!, Jesus wird zum Tode verurteilt, Jesus nimmt das Kreuz auf seine Schultern, Jesus begegnet seiner Mutter, Jesus wird ans Kreuz geschlagen, Jesus stirbt am Kreuz, Jesus wird vom Kreuz genommen und in den Schoß seiner Mutter gelegt, vierzehn Stationen!, nicht nur sieben wie andernorts, sagt der Bischof und reibt sich die kleinen Hände.

«Reátiga und Píffano waren unzertrennlich – wie ein Fingernagel und der Dreck darunter», platzt Dra. Ana Patricia Larrota Pacheco, leitende Staatsanwältin, Unidad Nacional contra el Terrorismo, ins enge Zimmer im zweiten Stock ihrer Behörde, Beton, Stacheldraht, Wachtürme, Kameras, Akten auf Tisch und Boden, die Landesfahne, längst verbleicht, steht in einer Ecke.

Sie dachten an Raubmord?

«An was sonst in diesem Land?», sagt Larrota, Tand an Hals und Hand, Lippenstift auf ihrem Gebiss.

Immer wieder behauptete Pfarrer Rafael Reátiga Rojas, Ökonom der Diözese Soacha, samtener Prediger zu jeder Tageszeit, er sei, unterwegs mit Geld der Kirche Gottes, überfallen worden, einmal kurz vor Mitternacht, als die Räuber ihn dazu gezwungen hätten, mit der Bankkarte des Bistums möglichst viel Geld aus dem Automaten zu holen, und dann, kurz nach Mitternacht, gleich noch einmal.

Alles erfunden?

Patricia Larrota, ganz in Gelb, Alter unbekannt, zieht die Schultern hoch, legt ihre Rechte auf einen Stapel Papier, Fall 2011-00234, zehn Ordner zu je dreihundert Seiten.

«Klar», sagt sie, «am Anfang denkt man das Übliche, Mord aus Gier, Mord aus Rache, aus Eifersucht, Wahn, was noch?» Sie spreizt die Finger und klopft sie, einen nach dem andern, auf den Tisch.

Länger als ein Jahr habe dieses Verbrechen sie und ihre Abteilung gefesselt, länger als jeder Fall zuvor.

Weshalb, Señora?

«Weil wir sicher sein wollten, dass das Unvorstellbare tatsächlich geschah.»

Oder weil die Kirche mit im Spiel war?

Larrota lacht und nickt.

Ein fast perfektes Verbrechen sei gewesen, was in jener Nacht passierte, verhindert nur dadurch, dass die Täter, einmal im Besitz von Reátigas Handy, einem Sony Xperia S, vom Gerät nicht gelassen und so die Staatsanwaltschaft, bestückt mit feinster Elektronik, auf die richtige Spur gebracht hätten.

«Hätten die das Handy in den Kanal geworfen, wär's Raubmord geblieben.»

In der Nähe des Seminars, in dem er einst, zusammen mit Píffano, zum Priester gereift war, kaufte Reátiga eine Wohnung, zwei Stockwerke in La Fraguita, und stattete sie mit Laminat aus, dunkle Eiche, mit einem schweren gusseisernen Ofen auf glänzendem Marmor, mit einer Sauna, blaue und weiße Kacheln, getrennt mit silbernen Streifen. Ins Wohnzimmer stellte er Weltliteratur, Homer, Cervantes, Dante, Verne, Goethe, die Gran Enciclopedia Espasa, ins Schlafzimmer einen breiten Flachbildschirm neben ein breites breites Bett.

Monseñor, wussten Sie davon?

Bischof Daniel Caro Borda legt seine Hand aufs Herz, am Finger steckt ein breiter Ring. «Von mir erfahren Sie nichts.»

Señora, wussten Sie davon?

Patricia Larrota lächelt. «Reátigas alte Mutter, in Bucaramanga, nahm sogar einen Kredit auf ihr Haus auf und überließ das Geld ihrem Priestersohn in Bogotá.»

Die Überfälle, die Reátiga behauptete, waren erfunden?

Larrota drückt die Schultern hoch, die roten roten Lippen. «Wir untersuchten die Tötung, nichts anderes.»

Wann immer er konnte, floh Rafael Reátiga Rojas, Pfarrer im Elendsviertel von Soacha, Finanzverwalter der Diözese, seine zwei staubigen engen Zimmerchen neben der Kathedrale Jesucristo Nuestra Paz und genoss die teure Wohnung, hängte ein Bild an die Wand, darauf die Eltern in Öl, Mama und Papa, den er nie gekannt hatte, und klebte ein Foto ins Gestell, Reátiga und Píffano, das ewige Paar, Congreso Internacional de Bioetica, Bogotá, 8.–12.9.2008.

Sie fuhren das gleiche Auto, liebten dieselbe Heilige, dasselbe Parfüm, Chevrolet Aveo Gti Emotion, Martha von Bethanien, FEROM for men.

Mit Verlaub, haucht jetzt der Bischof, in Europa habe man keine Vorstellung davon, was es bedeute, hier Priester zu sein, in Soacha am Südrand des Molochs Bogotá, wo vierundfünfzig Priester in sechsunddreißig Pfarreien mehr als eine Million Gläubige betreuten.

«Sieben Messen am Sonntag!», weint Monseñor Caro Borda.

«Dreihundert Taufen im Jahr!»

«Wer ohne Sünde ist, der werfe den ersten Stein!»

Im Stadtteil Galicia, an einer Straße ohne Namen, umgeben von Schlamm und Hunden, baute Reátiga eine neue Kirche, weihte sie dem Señor de la Buena Esperanza, dem Herrn der Guten Hoffnung, KR 73 J CL 62 Sur. Neben das Kirchentor ließ er Sandstein setzen, darauf den Trost: Wer auf Erden hilft, einen Tempel zu bauen, der baut sein Haus im Himmelreich.

«Unermüdlich war er», klagt der Bischof.

«Das hatten wir nicht zu beurteilen», knurrt die Staatsanwältin in den Besprechungsraum, Diagonal 22 B 52-01, Edificio F, Beton, Glas und Schminke.

In manchen Nächten zog Reátiga – der lustige Germán – ohne Píffano los, Babilonia, Ferchos, Teatron.

Irgendwann Syphilis.

Dann HIV.

Schließlich Clinica Shaio, Diagonal 115 A 70C-75, Dezember 2009.

Ja, der Priester sei oft krank gewesen, sagt Bischof Daniel Caro Borda und drückt sich aus dem geblümten Sessel, tritt an seinen Tisch und blättert in einer blauen Mappe, versehen mit dem Namen Rafael Reátiga Rojas, dahinter ein Kreuz.

Immer dünner sei er geworden im Lauf der Jahre, sagt der Bischof, unter Sauerstoffnot habe Pfarrer Reátiga gelitten, vor allem nachts, ein furchtbares Leiden, beladen mit Angst und Panik.

«Am Morgen nach seinem Tod ging ich in Reátigas Zimmer hier nebenan und fand die Sauerstoffmaske, die er im Schlaf jeweils trug.»

Monseñor, was fanden Sie noch?

«Nichts.»

«Reátiga schluckte Valcote und Melatonin: gegen Aids», sagt die Staatsanwältin, ihre Hand, die Nägel spitz und rot, auf Fall 2011-00324, Caso Sacerdotes, der Fall der Priester.

Und der andere, dieser Píffano, zischt sie jetzt, der habe an Hepatitis gelitten, möglicherweise, aber das sei nicht erwiesen, hervorgerufen von Treponema pallidum, jenem Bakterium, das auch Syphilis mache.

«Sodom und Gomorra am Äquator!»

Dann schüttelt sie das blonde Haar und lacht, dass es hallt in der kleinen Sala de Juntas im zweiten Stock der Staatsanwaltschaft zu Bogotá.

Vielleicht, Señora, hatte Reátiga Píffano angesteckt?

Patricia Larrota, Unidad Nacional contra el Terrorismo, schiebt die Schultern hoch, die Lippen.

An Weihnachten 2010, einen Monat vor seinem Tod, empfing Richard Armando Píffano, zehn Kilo leichter als noch vor einem halben Jahr, seine ältere Schwester und ihre zwei Söhne, angereist aus Cúcuta, Norte de Santander. Schick sie zur Armee, sagte Píffano, mach Soldaten aus deinen Kindern, nicht Priester, denn nicht nur Mädchen sind gefährdet in dieser Welt, auch Jungs, schick sie zur Armee. Gemeinsam gingen sie hinüber in die Kirche San Juan de la Cruz, Stadtteil Kennedy, lasen die Schrifttafeln, die im Torbogen hängen, Hut ab!, Handy aus!, Kaugummi raus!, und feierten Heiligabend, Pfarrer Richard Armando Píffano am Altar, seltsam bleich. Dann schenkte er den Neffen Uniformabzeichen und Berge von Schokolade, lud sie ins Kino ein, Centro Mayor, vierzehn Säle unter einem Dach.

Beim Abschied, kurz vor Neujahr, reichte Píffano der Schwester eine kleine Truhe aus dunklem Holz. Nimm das zu dir, das brauch ich nicht mehr. Im Flugzeug öffnete sie das Kästchen, fand darin zwei Rosenkränze, vier schmale lange Löffel, mit denen sein Vater einst Eier aß, Fotos der Familie, ein Foto von Reátiga, ein Stück der eigenen Nabelschnur, dürr und brüchig.

In seiner Bibel, Buch Kohelet, Kapitel 7, unterstrich er die Verse 16 und 17: Halte dich nicht zu streng an das Gesetz, und sei nicht maßlos im Erwerb von Wissen! Warum solltest du dich selbst ruinieren? Entferne dich nicht zu weit vom Gesetz, und verharre nicht im Unwissen: Warum solltest du vor der Zeit sterben?

Reátiga und Píffano waren verzweifelt?

«Was sonst?», sagt die Staatsanwältin.

«Wäre mein Priester verzweifelt gewesen, hätte er mir davon erzählt», spricht der Bischof sanft.

Am 6. Januar 2011 suchte Rafael Reátiga Rojas, Ohren wie

Flossen, Pfarrer an der Kathedrale Jesucristo Nuestra Paz, mehrere Notariate heim und überschrieb, was er besaß, seiner Mutter in Bucaramanga, Santander.

Richard Armando Píffano, Pfarrer von San Juan de la Cruz, Lehrer am gleichnamigen Colegio, Freund jeder Ordnung, listete auf, was ihm persönlich gehörte, vier Seiten lang, Inventario, schrieb er am Computer, Identificación 13.411.913: 1 Foto mit Bischof, 1 Foto von Priesterweihe, 1 päpstlicher Segen, 1 Bett (1,40 m, Holz), 1 Agenda Palm Tungsten E2, 1 Handy Nokia C3, 1 Handy Nokia E72, 1 Ultra FIT-Abdominator, 1 Messgewand grün mit Stola, 1 Messgewand rot mit Stola, 1 Messgewand weiß mit Stola, 1 Christus, 1 Jungfrau von Guadeloupe, 1 Guter Hirte (Holz), 1 große Weihnachtskrippe, 1 kleine Weihnachtskrippe, 7 Erzengel, 1 Heilige Martha, 1 Nähmaschine Singer, 1 Rasierapparat Philips (mit Etui).

Irgendwann am Vormittag des 25. Januar 2011, Dienstag, traf Reátiga einen Mann, der sich Gallero nannte, Hahnenkämpfer, Isidro Castiblanco Forero.

Woher, Señora, kannte er ihn?

Patricia Larrota verwirft die Hände.

Zu vermuten sei, sagt die Staatsanwältin, dass die beiden sich kurz zuvor kennengelernt hätten, vielleicht auf der Straße, in einem Laden, vielleicht im Beichtstuhl. Zu vermuten sei außerdem, dass der Pfarrer und der Hahnenkämpfer an jenem Dienstag die Nummern ihrer Handys tauschten.

Kurz vor 16 Uhr saßen Reátiga und Píffano im dritten Stock des Centro Mayor, des größten Einkaufszentrums Kolumbiens, des drittgrößten Lateinamerikas, Dutzende von Rolltreppen, glänzende Böden, vierzehn Kinos unter einem Dach, NQS Calle 38 A Sur, sie tranken Kaffee im Juan Valdez Cafe, flüsterten auf Gallero ein, den Hahnenkämpfer.

Reátiga sagte: Wir werden bedroht und brauchen Leute, die wissen, wie man uns beschützt.

Gallero, fünf Jahre älter als Reátiga, griff zu seinem Handy und rief jemanden an, den er Gavilán rief, Sperber, sprach einige Sätze, man bezahlte, stand auf und ging hinüber zur lauten Autopista Sur, einer breiten dreckigen Straße, die vierspurig in den Süden des Landes führt, wartete in einer Kneipe, vielleicht im El Chavo. Endlich setzte sich Gavilán zu ihnen, der Sperber, Reátiga und Píffano tranken Coca Cola, Gallero und Gavilán Bier.

Diese Herren hier werden bedroht, sagte Gallero.

Wir brauchen Leute, sagte Rafael Reátiga Rojas, die zwei Priester umlegen.

Priester?, erschrak Gallero.

Zwei Priester!

Was für Priester?

Uns!

Das ist eine Falle, sagte Gallero.

Keine Falle, wir brauchen jemanden, der uns tötet.

Das ist ein mieser Trick!

Wir wollen sterben.

Weshalb?

Wir haben es bereits versucht, in den Bergen von Santander, am Rand der Schlucht von Chicamocha wollten wir vor zehn Tagen in den Abgrund rasen, bei der berühmten Kurve El Pescadero. Wie ein Unfall sollte es aussehen.

Und dann?

Verließ uns der Mut.

«Wer sich tötet, handelt sündhaft», seufzt der Bischof unter dem Bild des Herrn.

Señor, wir sind anständige Leute, wir bringen keine Priester um!

Pfarrer Reátiga sagte: Ihr seid die Gesandten Gottes, diese Arbeit zu tun.

«Ungefähr so», sagt die Staatsanwältin zwischen ihren Akten, «verlief dieses Gespräch an der Autopista Sur in einer Kneipe, deren Namen wir nicht kennen, egal.»

Wann soll es passieren?, fragte Gallero.

Möglichst bald, sagte Reátiga oder Píffano.

Was bezahlt ihr?

Was wollt ihr?

Fünfundzwanzig Millionen.

So viel haben wir nicht.

Wir riskieren Gefängnis, sagte Gavilán, der Sperber.

Wir sind Priester, nicht reich.

Was bezahlt ihr?

Zehn Millionen.

Fünfzehn!

Einverstanden, sagte Reátiga.

Davon zwei Millionen jetzt und sofort, verlangte Gallero.

Reátiga und Píffano schoben zwei Millionen Pesos über den Tisch, 900 Euro, Reátiga und Gavilán tauschten die Nummern, 310 566 09 79 gegen 310 298 65 85.

Also wann?

Morgen!

Um 18 Uhr, wie jeden Tag, war Gottesdienst, Pfarrer Rafael Reátiga Rojas stand am Altar der Kathedrale von Soacha, Jesucristo Nuestra Paz, neben sich die Statue des Auferstandenen, halbnackt, eine weiße Fahne in der Hand, Pfarrer Richard Armando Píffano las Messe in der Kirche San Juan de la Cruz, Stadtteil Kennedy. Als er damit fertig war, sprach er laut: Liebe Brüder und Schwestern, betet für mich, der ich ein armer Sünder bin, fleht um Beistand für mich bei Martha von Bethanien, der Heiligen des Unmöglichen.

Und Reátiga, eine halbe Stunde entfernt, sagte einem Sänger des bischöflichen Kirchenchors: Sollte mir je etwas zustoßen, dann bitte singt zum Abschied die schönsten Lieder, Amigos de verdad, Wahre Freunde, und Más allá del sol, jenseits der Sonne hab ich ein Heim, so gehe ich durch die Welt voller Prüfungen und Pein, más allá del sol.

Wie verbrachten die Priester ihre letzte Nacht?

«Keine Ahnung», sagt die Staatsanwältin.

Der Bischof, die Hand nun auf dem Magen, schüttelt den Kopf.

Am Vormittag des 26. Januar 2011, Mittwoch, zog Reátiga zweieinhalb Millionen Pesos aus einem Geldautomaten, Píffano hob am Schalter des Banco Caja Social im Einkaufszentrum Salitre Plaza, Carrera 68B 40A-30, sechseinhalb Millionen ab, Kontonummer 24017686831.

Gegen 13 Uhr trafen sich die Priester und ihre Mörder vor einer kleinen Bäckerei neben der Kirche der heiligen Bernardita, Panaderia Jhonathan, fünf kleine helle Tische, zehn Bänke, unter der Decke ein Fernseher, Reátiga und Píffano reichten Gallero und Gavilán den Lohn, je sechseinhalb Millionen Pesos in zwei hellen braunen Umschlägen, versehen mit Schnur und Knopf.

«Was dann in den nächsten zwei Stunden geschah, wissen wir nicht», sagt die Staatsanwältin und trommelt ihre Nägel auf den Tisch der Behörde, Beton, Kameras, Wachtürme, Stacheldraht.

Reátiga und Píffano riefen ihre Sekretärinnen an, 16 Uhr, die Messe heute Abend, die könnten sie nicht feiern, man kümmere sich bitte um Ersatz.

«Der Mensch an sich ist nicht schlecht», weint Monseñor Daniel Caro Borda, am 6. August 2003 von Papst Johannes Paul II. zum Bischof von Soacha ernannt, «der Mensch ist gut, nur manche …» Er dreht sich weg und schaut zum Bild des Herrn, langes wallendes Haar, gepflegter Bart, Strahlen um Herz und Haupt.

«Reátiga und Píffano, um es klar zu sagen, waren schwul bis auf die Knochen», zirpt Dra. Ana Patricia Larotta Pacheco.

Bevor Píffano sein Zimmer verließ, Cra 798 No 42 C Sur, machte er das Bett, Reátiga zog eine zweite Unterhose an.

Es war längst dunkel, 19 Uhr, als die Priester, unterwegs in Reátigas Auto, CDX505, an der Avenida Villavicencio anhielten, Kreuzung Avenida Ciudad de Cali, und mit zwei Männern sprachen, die dort warteten, ein Motorrad neben sich, el Gavilán, der Sperber, und ein anderer, der sich Tatá nannte, ein Kind noch, siebzehnjährig.

Gavilán stieg ins Auto, setzte sich auf den Hintersitz, Reátiga, gestreiftes Hemd ohne Kragen, saß am Steuer, Píffano daneben.

Nun fuhren sie langsam die Avenida Villavicencio hinab, Tatá folgte auf dem Motorrad, irgendwann war kein Asphalt mehr, links nur noch Sumpf und Wiese, darin ein Kanal, gefüllt mit Plastik und Scheiße, rechts ein paar Hütten aus Stein und Blech, kein Licht am Ende der Welt.

Hier und jetzt, sagte Reátiga, wenn nicht hier, dann nirgends.

Er hielt an, drehte die Scheinwerfer nicht aus, stellte den Motor nicht ab, Tatá, der Siebzehnjährige, setzte sich neben Gavilán, vier Männer in einem Chevrolet Aveo Gti Emotion, Opfer vorn, Täter hinten.

Wie ein Raub muss es aussehen, sagte Reátiga, und reichte den Mördern sein Handy, das letzte Geld, 140 000 Pesos, Píffano 60 000.

Wir wollen sofort sterben.

In derselben Sekunde.

Und wir wollen, dass ihr unsere Hände, wenn wir tot sind, voneinander löst.

Zweihundertsechzig Tage

Die Frau sitzt in der Küche, ein Puzzle vor sich aus tausend Teilen, daneben ein Stift, ein Blatt Papier, sie schaut auf die Uhr an ihrem Arm.

Mach vorwärts, Sanne!

Immer häufiger greift sie zum Stift und zeichnet kleine Kreuze aufs Papier, ein Kreuz für leichten Schmerz, zwei Kreuze für mittleren, drei für großen.

Sanne!

Der Name klingt wie Wind und Wolken, auf Bäume wird das Mädchen klettern, laut und wild, ihr Bettchen, frisch gemacht, ist apfelgrün, Sanne, auch dein Wickeltisch nebenan, der Schrank, fast dein ganzes Zimmer, apfelgrün.

Drei Kreuze –

Jetzt weckt die Frau den Mann, Dordsestraat 33, dritter Stock.

Johan, es ist so weit.

Mitten in der Nacht!, sagt der Mann, seit Tagen fiebrig.

Die Hebamme bringt eine Gehilfin mit, Linda legt sich auf ihr Bett, sie schreit und presst, Johan hält ihre Hand: 04 Uhr 47: Sanne: dunkle Augen, Sommersprossen im Gesicht, 20. Januar, ein Samstag.

Die Hebamme, das Mädchen im Arm, dreht sich weg.

Was ist?, fragt Linda.

Was ist?

Kann sein, dass mit den Beinen etwas nicht ganz stimmt, sagt die Hebamme mit tiefer Stimme.

Mit den Beinen?

Mit der Haut an den Beinen.

Mit der Haut?, fragt Linda.

Sannes Beine sind so rot.

Die Gehilfin legt das Kind auf ein weiches warmes Tuch und deckt es zu, Sanne weint nicht: 2450 Gramm, fünfzig Zentimeter, Tag 1.

Kurz vor sechs fährt der Krankenwagen vor, Linda legt sich auf die Bahre, die Hebamme trägt das Kind zu Johans Auto.

Die Beine, sagt Johan, sehen aus wie verbrannt.

Die Hebamme schweigt.

Bleich liegt Linda M. im Scheper Ziekenhuis, Zimmer 4.66, Johan setzt sich neben die Frau und streichelt.

Wie geht es ihr?, fragt sie.

Sannes Beine.

Was ist mit ihnen?

Wie verbrannt.

Jetzt leuchtet an der Wand ein Bildschirm auf, Sanne, in weißes Tuch geschlagen, liegt am anderen Ende des Hauses in einem kleinen Bett, die Augen weit, ihre Hände geballt.

Ein schönes Kind, sagt Linda.

Findest du nicht?, fragt sie.

Zwei Ursachen sind möglich, sagt ein Arzt, entweder ist die Haut ihres Kindes nicht fertig ausgebildet oder aber, und das ist eher unwahrscheinlich, Sanne leidet an einer Erbkrankheit, EB genannt. So oder so, sagt der Arzt, wir schlagen vor, Sanne nach Groningen in die Universitätskinderklinik zu bringen, dort sind die Spezialisten, Experten auch, wenn nötig, im Fach der Hauttransplantation.

Hauttransplantation!

Vielleicht, flüstert irgendwo eine Pflegerin, hat sie ja nur Klumpfüße.

Klumpfüße kann man operieren, nicht wahr, Johan?

Der Mann, lang und hager, wandert durch die Gänge des Krankenhauses, hinüber zu Sanne, jetzt sind auch ihre Arme rot.

Dann stehen Lindas Eltern im Zimmer 4.66 und versuchen zu lächeln, Mama, Papa, zehn Geschenke tragen sie ans Bett ihrer Tochter, zehn Geschenke für die ersten zehn Tage der Enkelin, jedes in glänzendem Papier.

Pack eins aus, sagt der Vater.

Pack aus.

Zwei kleine gelbe hölzerne Schuhe.

Klumpfüße!

Linda schluckt und heult.

Noch eins, pack noch eins aus, sagt die Mutter, jetzt erst recht.

Um elf fährt Johan nach Hause, Dordsestraat 33, in seiner Bäckerei hängen, eine Überraschung der Angestellten, rosa Ballons, Kunden reichen dem Mann die Hand, Glückwunsch, Johan!, Glückwunsch an Linda!, wie schwer?, wie groß?

Johan dreht sich um und reist zurück ins Krankenhaus, Boermarkeweg 60, wieder eilt er durch die Gänge, zuerst zu Sanne, die jetzt schläft, dann zu Linda. Im Rollstuhl stößt er sie hinüber zum Kind, Sannes Beine, Sannes Arme stecken in weißen Binden, man habe, sagt die Pflegerin, der Tochter ein Mittel gegeben.

Wozu? Wogegen?

Darf ich sie streicheln?, fragt Linda.

Die Pflegerin hebt Sanne langsam aus dem Bett, langsam legt sie es auf ein Kissen, legt das Kissen auf Lindas Schoß.

Diese Sommersprossen.

Ihre Wimpern.

Sie fahren doch mit nach Groningen?, fragt die Pflegerin.

Zwölf Stunden alt, liegt Sanne M. im Krankenwagen, gepolstert mit Watte und Stoff, beruhigt mit Paracetamol, eine Stunde nordwärts, A28, Linda und Johan M., Eltern seit einem halben Tag, sitzen in der Küche ihres Hauses, zweiter Stock, unter sich die Bäckerei voller rosa Ballons, über sich das Kinderzimmer, apfelgrün, die Frau sieht die Stapel von rundem Zwieback, die Pakete voller rosa Streusel, bereit für die, die vielleicht kommen, um Sannes Geburt zu feiern.

Ich sollte jetzt bei ihr sein.

Du nützt ihr nichts, sagt Johan.

Trotzdem.

Du brauchst Ruhe.

Am frühen Sonntagmorgen, Tag 2, fahren sie, begleitet von ihren Müttern und einer Freundin, nach Groningen, Universitair Medisch Centrum, nackt liegt das Kind in einem Kasten aus Kunststoff, dunkle rote Wunden an Beinen und Armen, Sanne wimmert.

Große Schmerzen kann sie nicht haben, sagt die Pflegerin, Morphium.

Darf ich sie streicheln?

Johan macht Fotos.

Sie sitzen am Tisch ihrer Küche, Emmen, 21. Januar, jemand läutet an der Tür, der Frauenarzt, ein Freund, er habe sich kundig gemacht, sagt er, zumindest ein bisschen, nach allem, was er nun wisse, könnte Sanne sehr wohl an EB leiden, Epidermolysis bullosa, auch Blasenkrankheit genannt.

Eine Blasenkrankheit?

Die Haut, sagt der Freund, besteht aus mehreren Schichten. Die sind miteinander verbunden. Fehlen diese Verbindungen, diese Eiweiße, entstehen Blasen und Wunden.

Johan, schmaler denn je, steht jetzt auf und schmeißt den Stuhl in die Ecke und rennt hinüber in sein Büro, setzt sich vor den Computer und tippt den Namen von Sannes Krankheit ein, seit 1999 wird die Epidermolysis bullosa (EB) nach Expertenkonsens in drei Hauptformen unterteilt, EB simplex, EB junctionalis, EB dystrophica, die Krankheit wird umgangssprachlich auch als Schmetterlingshaut bezeichnet, sie ist nicht ansteckend, schmälert nicht die Intelligenz, in der Mehrzahl der Fälle sterben betroffene Kinder im Lauf der ersten zwei Lebensjahre.

Linda zersticht die rosa Ballons.

Am Abend kommt die Hebamme und sieht nach Lindas Wunde, sie setzen sich an den Tisch, wieder läutet es an der Tür, wieder der Freund, Lindas Frauenarzt, eigentlich, um ehrlich zu sein, sei nichts anderes möglich als EB, sagt er, Sanne sei ein Schmetterlingskind.

Dann verkaufen wir, weint Linda, die Bäckerei, das Haus, alles, und ziehen nach Amerika, dort kann man ihr helfen.

Man kann ihr nicht helfen, Linda.

Dann sagt die Hebamme mit rauchiger Stimme: Schwere EB ist mit dem Leben nicht vereinbar.

Was redet die?

Das Leben mit schwerer EB ist kein Leben, sagt die Hebamme.

Dordsestraat 33, es ist längst Nacht.

Wenn das so ist, sagt Linda, Mutter seit zwei Tagen, wenn das so ist, dann.

Wenn das so ist, dann soll Sanne nicht lange leiden.

Ja, sagt Johan.

Wenn das so ist.

Mann und Frau weinen sich in den Schlaf, drei Stunden, vielleicht vier.

Epidermolysis bullosa, eine genetisch bedingte Krankheit, zwar selten, höchstens zehn Kinder pro Jahr werden in den Niederlanden damit geboren.

Das wissen wir längst, fährt Johan den Dermatologen an, Universitair Medisch Centrum Groningen, das wissen wir schon. Sagen Sie uns nur, welche Form sie hat, die leichte, die schwere?

Die Frau dreht sich zum Mann, legt ihre Hand auf seinen Arm, Tag 3, Montagmorgen, 22. Januar.

Die mittlere, sagt der Hautarzt.

Von der mittleren Form der schlimmste Subtypus, das Hallopeau-Siemens-Syndrom.

Das heißt?

Sie wollen es wissen?

Ja.

Sanne hat Blasen, ihr Leben lang, ständig neu, an den Beinen, an den Armen, vielleicht auch im Mund, in der Speiseröhre, jeden zweiten Tag erhält sie neue Verbände, möglich nur unter Narkose, Haut, die sich erst gebildet hat, reißt wieder auf, vielleicht verwachsen ihre Zehen, die Finger, sie bekommt, wenn Sie es so genau wissen wollen, irgendwann Hautinfektionen, ihr Körper verkrustet, vernarbt.

Dann, sehr wahrscheinlich, Hautkrebs.

Nichts kann ihr helfen?, fragt Linda.

Nur Morphium.

Täglich?

Der Arzt nickt.

Solange sie lebt?

Er schweigt.

Das will ich nicht, weint Linda.

Wir verlangen von Ihnen, sagt jetzt Johan, dass Sie Sanne sterben lassen.

Dass Sie nichts tun, was Sannes Leben verlängert, ihre Qual, ihr Leiden.

Und wehe, sagt Johan, lang und hager, und wehe, ich komme dahinter, dass Sie es tun.

Sanne liegt in ihrem Kasten, sie wimmert, Linda krümmt sich zum Kind und legt einen kleinen weichen Bär aus Plüsch, den sie seit Stunden auf ihrer Brust trägt, neben Sannes Gesicht.

Damit sie weiß, wie ihre Mutter riecht.

Emmen, Dordsestraat 33, zweiter Stock, Milch abpumpen.

Linda, es ist doch richtig, was wir denken?

Ihr braucht Hilfe, sagt Lindas Mutter und ruft ihren Neffen an, Jurist beim Justizministerium in Den Haag. Der nennt ihr eine Stiftung in Utrecht, Stichting Dilemma, die sich mit Fragen von Leben und Tod unheilbar kranker Säuglinge beschäftigt.

Aber nennt, wenn ihr dort anruft, vorerst euren Namen nicht, sagt der Neffe.

Kein Schlaf, wieder fahren sie nach Groningen, Tag 4, Linda krümmt sich zu ihrem Kind und bettet ein Plüschbärchen, warm von ihrer Brust, neben Sannes Gesicht, stopft sich jenes, das sie am Vortag hinlegte, unter den Pullover, Dienstag, 23. Januar.

Ich möchte Sanne, sagt sie zur Pflegerin, ein paar Kleidchen bringen.

Besser nicht, sagt die Pflegerin, normale Kleider kann ihr Kind nicht tragen, oder höchstens umgedreht, die Naht nach außen.

Johan macht Fotos.

Vielleicht die letzten, sagt er.

Vielleicht, sagt sie.

Hoffentlich, flüstert der Mann.

Tag nach Tag fahren Linda und Johan M. nach Groningen, eine Stunde weit, und stellen sich neben Sannes Kasten, Linda krümmt sich zu ihrem Kind und bettet ein Plüschbärchen, warm von ihrer Brust, neben Sannes Gesicht, stopft sich jenes, das sie am Vortag hinlegte, unter den Pullover.

Was, wenn man uns heute Nacht anruft und sagt, Sanne sei tot, was dann?

Sanne!

Wir möchten sie in unserer Nähe, wir wollen, dass sie nach Emmen kommt.

Am 31. Januar, Tag 12, bringt der Krankenwagen Sanne M. ins Krankenhaus von Emmen, Zimmer 4.22, ein Radio läuft, Linda sitzt neben dem Bett, Tag für Tag, manchmal geht sie hinüber in den Nebenraum, kocht Kaffee und wartet, bis Johan aus der Bäckerei kommt, manchmal spielt sie Sanne eine CD vor, es fährt ein Züglein ins Träumeland, hinter dem Steuer ein Elefant.

Was können wir tun, damit sie stirbt?

Rechtlich nichts, sagt die Stiftung Dilemma.

Jeden zweiten Tag erhöhen die Pflegerinnen die Dosis, dann holen sie das Kind aus seinen Binden, manchmal schläft es, oft schreit es, rote blutige Wunden leuchten auf.

Aber irgendwann, nehme ich an, werden Sie Ihr Kind mit nach Hause nehmen!, sagt jemand und lächelt.

Ich kann das nicht, Johan, ich kann sie nicht quälen, ich kann das nicht.

Was Ihnen bleibt, ist Hoffnung, sagt Dilemma.

Dass sie bald stirbt.

Wie fühlt eine richtige Mutter?

Lindas Frauenarzt, der Freund, sagt: Euren Maxi Cosi, den Kinderwagen, den werdet ihr, um ehrlich zu sein, wahrscheinlich nie brauchen.

Eine gute Nachricht, weint Johan.

Linda zieht durch die Läden der Innenstadt, kauft nahtlose Kleidchen, näht ihrem Kind eine Decke aus weichstem Fleece.

Irgendwann, vielleicht am Tag 14 oder 15, steht Johan an Sannes Bett, zwei Pflegerinnen nehmen ihr Blut, mit Nadeln stechen sie in Sannes Haut, eine Blase wächst, sie versuchen es wieder, eine Blase wächst, Blase nach Blase, Sanne schreit und krümmt sich vor Schmerz, dann stechen sie ihr in den Kopf.

Besser, sagt Dilemma am Telefon, ihr erzählt keinem, was ihr euch wünscht.

Dordsestraat 33, im Erdgeschoss die Bäckerei, unter dem Dach ein leeres Zimmer, apfelgrün, Johan sitzt im Keller und hört seit einer Stunde laute Musik, Supergirl, Supergirl, Lindas Mutter sagt: Ihr braucht Hilfe, morgen schicke ich einen Arzt ins Haus.

Was Sie wollen, wollen Sie aus Liebe zu Ihrem Kind.

Was Sie sich wünschen, ist nicht falsch, sagt der Arzt, ein grauer Mann.

Selbst Vögel, besorgtere Eltern könne man sich kaum denken, stießen ihre Jungen, wenn todkrank, aus dem Nest. So sei die Natur, sagt er, die Natur, von der der Mensch, fähig zur Moral, sich entfernt habe.

Also sind wir nicht verrückt?, fragt Linda.

Der Alte setzt sich neben die Frau aufs Sofa, sie legt ihren Kopf an seine Schulter und zittert vor Trauer.

Johan verkauft den Maxi Cosi.

Der Mann und die Frau stehen im Zimmer 4.22, Scheper Ziekenhuis, Boermarkeweg 60, Emmen, ihr Kind Sanne, drei Wochen alt, schläft, Arme und Beine in weiße Binden gepackt, in seiner Nase ein Schlauch.

Wenn jetzt ein Arzt käme, eine Spritze in der Hand, und sagte, er habe noch ein bisschen Gift darin.

Ja.

Ich auch.

Aber Sie werden Ihr Kind doch irgendwann nach Hause nehmen, nicht wahr?, sagt eine Pflegerin und lächelt.

Tag 34, Sanne reißt sich die Magensonde aus der Nase, ihr Gesicht blutet.

Tag 71, es ist Dienstag, 27. März, Linda und Johan M. fahren nach Groningen zur Kinderklinik des Universitair Medisch Centrum, vierter Stock.

Wir möchten, dass Sie das Leben unserer Tochter beenden!

Dann komme ich ins Gefängnis, sagt der Chefarzt.

Was können wir tun?

Vielleicht nur dies: Sie schreiben auf, was Sie möchten und weshalb, ich bringe Ihren Brief zum Staatsanwalt und erkläre ihm, ich sei unter Umständen bereit, Sanne zu erlösen, falls ich strafrechtlich dafür nicht verfolgt werde.

Sie würden das tun?

Ich würde es tun.

Sie sitzen am Tisch in der Küche, Linda, ausgebildete Lehrerin, schreibt mit großen runden Lettern, sehr geehrter Herr Staatsanwalt, unsere Tochter, geboren am 20. Januar, heißt Sanne –

Montag, 2. April, kurz nach zwölf, fahren der Mann und die Frau ins Krankenhaus, Sanne liegt stumm auf einem Kissen, langsam tragen die Eltern ihr Kind ins Auto, langsam bringen sie es nach Hause, Dordsestraat 33, und zeigen ihm die Bäckerei, das apfelgrüne Zimmer unter dem Dach, Sanne trinkt Milch aus der Flasche, Linda singt und summt, er gaat een treintje naar dromenland.

Die dunklen Augen.

Sanne bleibt drei Stunden, Tag 77.

Der Staatsanwalt richtet aus, mit gutem Gewissen könne er nicht versichern, ein strafrechtliches Verfahren zu unterlassen, falls er von aktiver Euthanasie an Neugeborenen erfahre, dennoch sei er bereit, sich mit Medizinern und Philosophen und Juristen zu treffen, um entsprechende Fragen zu bereden, am besten in Utrecht, dem Sitz der Stiftung Dilemma.

Ohne uns?, schreit Johan.

Uns hören die nicht an!

Sie legt ihre Hand auf seinen Arm.

Immer wieder holen sie das Kind nach Hause, zeigen ihm sein Zimmer, die Kleider, die es nie tragen wird, Karin leiht sich einen Maxi Cosi und stößt Sanne durch die Dordsestraat und redet mit den Menschen, die sich zum Kinderwagen bücken, was für ein hübsches Kind, wie geht es ihm überhaupt?

Erzählt keinem, sagt Dilemma, was ihr denkt.

Sanne bleibt nun jede zweite Nacht. Zieht ihr Linda die Windel zu eng, wachsen Blasen, reibt sich Sanne an steifem Tuch, platzen Blasen. Manchmal erstickt sie fast am eigenen Schleim, ihr Gesicht ist blau und gelb, dann steckt Linda einen Schlauch in Sannes Hals und saugt am anderen Ende, zieht das Kind ins Leben zurück.

Vielleicht sollte ich – nein.

Das geht nicht, sagt Johan.

Wenn Sanne stirbt, dann ohne Angst, wenn sie stirbt, dann ganz ruhig.

Beugt sich Linda über Sannes Bett, sagt sie Hurra!, hurra!, manchmal lacht das Kind und wirbelt seine Arme in Lindas Gesicht.

Und wenn jetzt das Telefon schellte, Groningen am Apparat, der Staatsanwalt habe es sich anders überlegt, wir könnten, wenn wir möchten, Sanne sofort bringen?

Johan fährt das Kind zurück ins Krankenhaus, man betäubt es und wechselt seine Binden.

In Utrecht reden sie seit Stunden, Philosophen, Juristen, Mediziner, es ist Mittwoch, 25. April, der hundertste Tag im Leben von Sanne M., und Linda schaut auf die Uhr, schaut zu Sanne, die plötzlich lacht und gurrt.

Wenn jetzt?

Sie schiebt ihr Kind nicht mehr durch die Straßen, Linda will nicht, dass jemand sieht, wie Sanne, zwar selten, plötzlich lacht und gurrt.

Unser Leben, Johan, ist ein Doppelleben.

Sanne hat Blasen auch im Mund, sie hat Hunger, kann nicht trinken, Sanne schreit und brüllt, Linda legt ihr Kind ins Bett, greift zum Staubsauger, stellt das Radio laut.

Scheiße, Scheiße, Scheiße!

Der Psychologe im Krankenhaus rät zur Gesprächstherapie.

Ich spinne doch nicht, sagt Johan.

Dilemma schickt eine E-Mail: Noch kein Entscheid in Utrecht, weitere Sitzungen geplant.

Der Mann sperrt sich in den Keller und hört laute Musik, she's my girl, my supergirl.

Eigentlich besteht kein Grund, Sanne noch länger hier zu behalten, sagt der Arzt im Krankenhaus.

Ich kann sie nicht verbinden, ich kann sie nicht quälen, weint Linda.

Dafür gibt es den Pflegedienst.

In Utrecht reden sie ein zweites Mal, Anfang Mai, Mediziner, Juristen, Philosophen. Linda sitzt auf dem Sofa, ihr Kind neben sich, sie schaut zur Uhr, das Telefon schellt, Linda erschrickt: der Entscheid.

Wie geht es Sanne?, fragt ein Bekannter.

Schlechter denn je, lügt Linda, vielleicht stirbt sie im Lauf der Nacht.

Johan im Keller.

Sannes Zehen sind jetzt verwachsen, ihre Füße rote schuppige Stümpfe.

Tag 161, Linda und Johan holen Sanne nach Hause, 25. Juni, ein Montag, Sanne bleibt für immer, Linda M., dünn und fahl, beginnt ein Tagebuch.

Der Staatsanwalt richtet aus, selbst nach drei Gesprächen in Utrecht sei er, bei allem Verständnis, nicht bereit, die Gesetze der Niederlande zu missachten.

Dordsestraat 33, zweiter Stock, Nacht.

Heute hörte ich im Radio ein Lied, Love will find a way, ich möchte, dass man das an Sannes Begräbnis spielt.

Und dieses Stück von Syb van der Ploeg, ze is niet van dere wereld, ze is niet van dere tijed, sie ist nicht von dieser Welt, sie ist nicht von dieser Zeit.

Beugt sich Linda über Sannes Bett, sagt sie Hurra, meine Kleine!, Hurra, Prinzessin!, manchmal lacht das Kind.

Kommt Johan aus der Bäckerei, lädt er Sanne auf den Arm, trägt sie durchs Haus und summt und streichelt ihr Haar.

Sanne erschrickt und schreit, als Johan eine Schachtel Zigaretten aufreißt. Jeden Montag um 17 Uhr bringt er das Kind ins Krankenhaus zur Kontrolle, jeden zweiten Tag kommt der Pflegedienst und wechselt die Verbände, eine Stunde lang.

Manchmal stellt Linda den CD-Spieler auf Repeat.

Jetzt sind die Wunden grün und blau, sie stinken faul und süßlich, Pseudonomaden, sagt der Arzt, stäbchenförmige Bakterien, leider antibiotikaresistent, dagegen hilft nur eins, Baden in Essiglösung.

Sanne krümmt sich vor Schmerz.

Ihr braucht Urlaub, sagt Lindas Mutter, fahrt weg, ich kümmere mich ums Kind, ich kann das.

Und wenn Sanne stirbt?

Dann darf sie das, sagt die Mutter, wann immer sie will.

22. Juli, Sonntag, der Mann und die Frau reisen nach Italien, einen Wohnwagen hinter sich, Tag 188.

Was sind das für Leute, die in die Toscana reisen und ihr krankes Kind zu Hause lassen, was sind wir bloß für Eltern, Linda?

Sie baden im Meer und versuchen zu lachen.

Ich vermisse sie, sagt Johan.

Du auch?

Nach einer Woche sind sie zurück.

Sanne!

Mittwoch, 8.8.

7.30 Du liegst wach im Bett. Papa ist bei der Arbeit. Du bekommst dein Fläschchen, 120 ml (plus 5 ml Paracetamol, 5 ml Morphin, 3 Tropfen Tramal).

8.45 Fläschchen 120 ml (plus 10 Para, 5 Morph, 5 Lora, 6 Tropfen Tramal).

9.15 Du schläfst auf deiner Decke.

9.45 Ein großer Schwall Milch schießt aus deinem Mund. Auch dringt wieder Blut durch den Verband am linken Fuß.

Er gaat een treintje naar dromenland achter het stuur zit een olifant, es fährt ein Züglein ins Träumeland, hinter dem Steuer ein Elefant.

Sie wird bald sterben, Johan.

Ich weiß.

Die Dermatologin aus Groningen kommt nach Emmen, sie erschrickt, als sie Sanne sieht. Drückt sie eine Blase auf, wächst daneben eine neue.

Sanne wird bald gehen, Johan, mach Fotos von ihr, mach ein Foto von Sanne und mir.

Montag, 17.9.

7.00 Wach. Fläschchen (10 Prom + 10 Morph + 10 Dorm + 10 Lactulose).

8.00 Du weinst furchtbar. Mama gibt dir 10 Morph extra mit einer Spritze direkt in den Mund.

8.15 Fläschchen + Medi: 15 Morph + 15 Dorm + 10 Prom.

11.00 Verbinden. Du schreist im Bad. Dein linker Fuß und deine linke Hand sind grün. Beim Verbinden schläfst du ein.

13.00 Jetzt schläfst du.

17.15 Wach. Du liegst auf dem Tisch. Den Kopf hältst du ganz schief, bist ganz weiß, deine Augen sind klein.

17.30 Fläschchen + 10 Morph + 10 Prom + 10 Dorm. Sobald du alles getrunken hast, fängst du an, deine Äuglein zu reiben.

17.45 Ins Bett. Du schläfst sofort.

22.15 Mama und Papa gehen ins Bett. Wir schauen noch bei dir vorbei. Als du uns siehst, beginnst du zu lachen und mit deinen Beinen zu strampeln. Du bist hellwach. Wir heben sich aus deinem kleinen Bett und setzen dich zu uns ins große. Wenn wir Hiephiep sagen, wirfst du beide Arme in die Luft. Dieses Spiel spielen wir sicher zehn Mal. Es ist wunderbar! Danach geben wir dir noch ein Fläschchen mit 10 Morph + 10 Prom + 10 Dorm. Dann legen wir dich in dein Bett. Wir hoffen, du kannst schlafen – Tag 245.

Dordsestraat 33, zweiter Stock.

Ich glaube, jetzt will sie sterben.

Am Samstagmorgen, 29. September, stößt Linda B. im Supermarkt auf einen Bekannten, er ist Arzt und fragt nach Sanne, sie antwortet, mit Medikamenten sei das Kind kaum noch zu beruhigen.

Der Bekannte sagt: Vielleicht hilft eine Morphinpumpe. Die versorgt sehr gleichmäßig, kein Auf, kein Ab.

Ihr wisst, was das bedeutet?, fragt der Kinderarzt im Krankenhaus, es ist Montagmorgen, Tag 259.

Sanne wird davon nicht sterben, sie wird wegdämmern, nur noch schlafen.

Hoffentlich für immer, denkt Johan.

Dordsestraat 33, der Mann und die Frau tragen Sanne durchs Haus, sie setzen sich aufs Sofa, streicheln ihr Kind, schnuppern am Kind, atmen seinen Geruch, hurra!, hurra!

Sanne lacht nicht mehr.

Sie will gehen, Johan.

Linda schreibt: Wir versuchen, jede Sekunde von dir in uns aufzunehmen.

Endlich kommt der Kinderarzt und setzt eine Morphinpumpe an Sannes Oberschenkel.

Sanne ist einverstanden, sagt Linda.

—

2. Oktober, seit dem frühen Morgen ist Johan unterwegs, Tag 260, Linda erwacht gegen acht Uhr, alles ist ruhig im Haus, Sanne wimmert nicht.

Sie schläft, denkt Linda, vielleicht ist sie tot, wahrscheinlich ist sie tot.

Leise schleicht Linda hinüber ins apfelgrüne Zimmer und krümmt sich zum Kind, Sanne atmet, Linda beginnt zu schreien, dann schluchzt sie und hält sich am Bett.

Linda M., ihre Tochter im Arm, kaum schwerer als bei der Geburt, sitzt auf dem Sofa im zweiten Stock, Sannes Gesicht ist weiß und grau, ihre Augen sind geschlossen, die Wimpern verklebt, Linda zählt, wie oft sie atmet.

Warte, Prinzessin, bis Papa hier ist.

Johan kommt um 13 Uhr.

Linda reicht ihm das Kind.

Sie sagt: Bei mir ist Sanne gekommen, bei dir soll sie gehen.

16 Uhr 10.

Jetzt ziehen sie ihr ein Hemdchen an, auf der Brust eine Ente. Dann eine weiße Hose, die Naht nach innen.

Niemandsmenschen

Im Januar 2000, den Tag hat er vergessen, bricht Abu Bakr, ein Sattler aus der Stadt Gulja, ins bessere Leben auf. Er streichelt den Bauch seiner Frau und will nicht weinen, die Frau ist schwanger.

Wann?, fragt sie.

Bald, sagt er, einunddreißig Jahre alt, und geht.

Abu Bakr Qassim ist Uigure, Teil einer turkstämmigen Minderheit im Westen Chinas, zehn Millionen Uiguren allein in der Region Xinjiang, sie sind Muslime, erobert und bedrückt von den Chinesen seit einem halben Jahrhundert, Ostturkestan.

Abu Bakr fliegt von Urumgi in China nach Bischkek in Kirgisien. Dort, auf dem Markt von Torbaz, versucht er sich als Händler, er bietet Broschen an, Uhren, Seile, Lederwaren, kauft sich frei von den kirgisischen Polizisten, die ihn umstellen.

Sonst schaffen wir dich nach China zurück.

Manchmal ruft er seine Frau in Gulja an, das die Chinesen Yining nennen, und fragt nach seinem Sohn und dem Kind in ihrem Bauch.

Wann?, bettelt die Frau.

Auf dem Markt lernt er Adel kennen, fünf Jahre jünger, Uigure aus Gulja, Adel Abdulhekim redet wenig, er ist Händler, Vater von drei Kindern, aus der Heimat geflohen wie

Abu Bakr. Die Männer mieten ein Zimmer am Rand des Basars von Torbaz, betreiben gemeinsam ihr Geschäft.

Meine früheste Erinnerung, erzählt Abu Bakr dem andern, ist, dass ich als Kind immer nur alte Kleider trug, Kleider mit Löchern, weil wir kein Geld hatten. Ich trug Kleider mit Löchern bis 1985, als ich in der Lederfabrik der Chinesen zu arbeiten begann.

Und meine früheste Erinnerung, erzählt Adel, als er nachts auf seinem Bett liegt, ist, dass ich mich, auf der Suche nach Schafen, in den Bergen verirrte, drei Tage lang, und dabei fast erfroren bin.

Zwillinge!, zwei Knaben!, jubelt die Frau. Wie willst du, fragt sie, dass sie heißen?

Wenn er Geld hat, schickt er ihr Geld. Die Gewinne von Abu Bakr Qassim und Adel Abdulhekim sind klein, die kirgisischen Polizisten ständig frecher.

Meinen Vater, erzählt Abu Bakr, sperrten die Chinesen zwei Jahre lang ins Gefängnis, weil sie ihn beim Beten erwischten. Sie hängten ihn an die Decke, machten Feuer unter seinen Füßen.

Den Mann meiner Schwester haben sie erschossen, sagt Adel.

Anfang Juli 2001, den Tag haben sie vergessen, fliegen Abu Bakr und Adel von Bischkek in Kirgisien nach Karachi in Pakistan. Abu Bakr, der Sattler, weiß von einem Uiguren, der in der Türkei eine Lederfabrik besitzt, ihn wollen sie suchen und um Arbeit bitten.

Sobald ich dort bin, sagt Abu Bakr seiner Frau, kommst du mit den Kindern nach.

Abu Bakr und Adel haben kein Geld für den Flug in die Türkei, sie beschließen eine Reise im Bus quer durch den Iran, elf Tage weit, Abu Bakr und Adel, den Antrag für ein Visum zu stellen, fahren von Karachi in die Hauptstadt Pakistans, Islamabad. Dort, in der Botschaft der Islamischen Republik Iran, weist man sie ab, ein Visum bekomme nur, wer eine Aufenthaltsbewilligung für Pakistan vorweise. Abu Bakr und Adel irren durch die Stadt, hören von einem Uiguren, der seit Jahren hier lebt. Der Mann lädt sie in sein Haus, er gibt ihnen zu essen und verspricht, sich um die Papiere zu kümmern.

Das dauere Monate.

Besser, ihr wartet in Afghanistan, sagt der Mann, denn Pakistan, von Fall zu Fall, liefert Uiguren den Chinesen aus, besser, ihr wartet in Afghanistan, wo das Leben billiger ist, es gibt dort ein Dorf, wo nur Uiguren leben, geht dorthin, und sobald fertig ist, was ihr braucht, werde ich euch rufen.

Ein Freund des Fremden bringt Abu Bakr und Adel in seinem Auto an die Grenze zu Afghanistan, es ist der 26. Juli 2001, vielleicht einen Tag später, Soldaten stehen an der Grenze, pakistanische, afghanische, und kümmern sich um nichts, es ist Abend, als sie Dschalalabad erreichen, Afghanistan, zwei Uiguren bewirten Abu Bakr und Adel in ihrem Haus.

Dreimal, erzählt Adel den andern, war ich in den Gefängnissen der Chinesen. Das erste Mal schlugen sie mich fast tot und ließen mich liegen während Tagen. Beim zweiten, beim dritten Mal – das Übliche.

Mich hatten sie sieben Monate lang, Verhör nach Verhör, gib zu, dass du ein Separatist bist!, gesteh, du bist Muslim und Terrorist! Elektrofolter, Schlafentzug, Scheinhinrichtung.

Das Dorf, in dem nur Uiguren leben, vier Stunden hinter Dschalalabad, am Fuß einiger Berge, die Tora Bora heißen, sind sechs zerfallene Häuser, dreißig Menschen, ein grauer kahler Platz. Ein Mann ist dort, der alles kennt, ein Radio besitzt und ein großes Gewehr, Abdulmuhsin, der Führer. Abu Bakr und Adel, zusammen mit den andern, bauen die Häuser neu, einen Gebetsraum, eine Küche, sie lesen täglich den Koran, teilen Zeit und Hütte mit Akhdar Qasem Basit aus Gulja, das die Chinesen Yining nennen, und Ahmed Adil aus Kashgar, Familienväter auf der Suche nach Ruhe und Geld.

Ich sah, erzählt Akhdar, wie die Chinesen in die Menge schossen, wie sie, mitten im eisigen Winter, Wasser spritzten, Menschen auf Lastwagen zwangen und wegbrachten.

Ich möchte nach Kanada, sagt Ahmed.

Ab und an kommt ein Auto gefahren, gefüllt mit Brot, Linsen und Äpfeln. Manchmal ruft Abdulmuhsin zum Gebet, manchmal zur Übung am großen russischen Gewehr.

Wer weiß, sagt der Führer, ob ihr, was ihr hier lernt, nicht irgendwann braucht im Kampf gegen die Chinesen.

Oft sitzt er an seinem Radio, stellt es ab, wenn jemand zu ihm tritt.

Eines Tages, vielleicht am 12. September 2001, flüstert er Adel ins Ohr: Muslime haben Amerika angegriffen, Flugzeuge entführt und in zwei Türme gelenkt. Kann sein, dass Amerika sich wehrt. Aber wir sind Uiguren, Freunde Amerikas, weil Feinde der Chinesen.

Abu Bakr und Adel warten auf Nachrichten aus Pakistan.

Am 11. oder 12. Oktober 2001, nachts, werfen Flugzeuge Bomben auf das Dorf am Fuß von Tora Bora. Wer kann, flieht aus den Hütten und rettet sich in Höhlen. Nichts ist mehr am anderen Morgen, noch siebzehn von dreißig Männern, die Leiche des Führers, der ein Radio besaß und ein Gewehr, liegt in Stücken. Aus dem Tal nähert sich ein Auto, ein Afghane am Steuer, auf dem Nebensitz Ayub Haji Mohammed, ein Kind, achtzehn Jahre alt, Uigure aus Kashgar, Volksrepublik China.

Ich bin, erzählt er, auf dem Weg nach Amerika, um dort Arzt zu werden.

In Pakistan sagten sie mir, besser, du gehst nach Afghanistan. In Afghanistan raubten sie mich aus, Männer mit Gewehren nahmen mir alles weg, mein Geld, meine Papiere, meine Schuhe. Ein alter Mann gab mir zu essen, ich sagte, ich bin Uigure, und irgendwie, obwohl er nicht verstand, verstand er doch und brachte mich hierher.

Es ist Winter in Tora Bora, Schnee fällt, die achtzehn Uiguren sammeln, was essbar ist, verstecken sich in den Höhlen und hoffen, jemanden zu treffen, der weiß, wo ein Dorf ist, wo Brot und Wasser sind. Flugzeuge queren den Himmel, aus Angst vor ihren Bomben wechseln die Männer die Höhlen, die Täler, stoßen auf wilde Affen, die Steine nach ihnen schmeißen. Zwei Monate lang kriechen sie durch die Berge, sie frieren, hungern, beten, begegnen endlich einigen Fremden, Arabern, denen sie durch den Nebel folgen in ein Dorf. Willkommen in Pakistan, sagt ein Mann.

Die Uiguren fürchten, jemand könnte sie an die Chinesen verraten. Sie sagen, sie seien Usbeken, wohnhaft in Afghanistan, auf der Flucht vor dem Krieg.

Man schlachtet ein Schaf und teilt es mit den Uiguren, Zettel flattern in den Straßen: Ihr bekommt Millionen von Dollar, wenn ihr helft, die Mörder der al-Kaida und Taliban zu erwischen. Das ist genügend Geld, um damit für den Rest des Lebens eure Familien zu versorgen, euer Dorf, euren Stamm, genügend Geld, um damit den Arzt zu bezahlen, eine Herde zu kaufen, Schulbücher und Häuser für euch alle.

Am Abend des dritten Tages führt ein Mann die Uiguren zu

einer Moschee außerhalb des Dorfes. Darin sollen sie sich verstecken, sagt der Mann, die Polizei sei unterwegs, den Ort heimzusuchen. Geländewagen fahren vor, Abu Bakr, Adel, Ahmed, Akhdar, Ayub und die vierzehn anderen Uiguren, ratlos, dankbar, steigen auf die Ladeflächen, anderthalb Stunden dauert die Fahrt, dann befiehlt einer, auf Lastwagen zu wechseln, und gegen Mitternacht sind sie in einer Stadt ohne Namen, die Lastwagen halten vor einem großen weiten Haus, die Uiguren treten durchs Tor, man legt ihnen Handschellen an.

Wir sind Usbeken, Muslime wie ihr, was haben wir getan, dass ihr uns schlagt, als wären wir Hunde?

Irgendwann bringt einer Kleider, dünnen blauen Stoff, Hose und Jacke an einem Stück.

Nach zwei Wochen, vielleicht drei, nachts, treibt man die Uiguren, gefesselt an Händen und Füßen, schwarze Säcke über den Köpfen, in ein Flugzeug.

Warum?, fragt Abu Bakr.

Weil man euch verkauft hat für fünftausend Dollar.

Stunden später sind die Uiguren in Kandahar, Afghanistan, Männer schreien, zerren sie aus dem Flieger und schlagen sie zu Boden, vor jedem Gefangenen stehen drei Menschen in hohen Stiefeln, wer sich bewegt, wird getreten. Man nimmt ihnen den Sack vom Kopf, die Fesseln von Händen und Füßen, man zieht sie aus, nackt stehen sie in der Kälte.

Wer wir wirklich sind, verraten wir nur den Amerikanern, flüstert Abu Bakr.

Es wird Morgen. Über dem Gefängnis weht die Fahne der USA.

Unsere Rettung, sagt Abu Bakr.

Sprichst du Englisch?

Nein.

Warum sprichst du kein Englisch, du Hurensohn?

Sprichst du Englisch?

Ja.

Warum, du Ratte, sprichst du Englisch?

Wir sind Uiguren, geflohen aus China, wir sind keine Terroristen, im Gegenteil, wir lieben Amerika, das Land der Freiheit, wir sind auf eurer Seite.

Immer wieder führt man sie zum Verhör, schlägt und schreit, man zwingt sie in den Staub, und hebt einer den Kopf, trifft ihn der Stiefel.

Ich bin auf dem Weg nach Amerika, weint Ayub, der Jüngste, um dort Arzt zu werden.

Nach Amerika wirst du kommen, lacht ein Soldat.

Im Juni 2002, die Augen verklebt, die Ohren verstopft, den Körper an den Sitz gekettet, erreichen die Uiguren Guantánamo Bay, einen Stützpunkt der amerikanischen Kriegsmarine im Süden der Insel Kuba. Dort stehen Käfige bereit, vierundzwanzig in einer Reihe, achtundvierzig in einem Block, Camp Delta, Maschendraht.

Man befiehlt den Uiguren, sich nackt auszuziehen, die Soldaten lachen, man führt sie in eine Dusche, zwingt sie in orangefarbene Kleider, Hose und Jacke an einem Stück, fotografiert sie und beginnt das Verhör.

Bist du der Ansicht, die ganze Welt sollte islamisch werden?

Abu Bakr Qassim, 13.05.1969, ist Nummer 283.

Adel Abdulhekim, 10.10.1974, Nummer 293.

Ahmed Adil, 01.08.1974, Nummer 260.

Akhdar Qasem Basit, 14.11.1973, Nummer 276.

Ayub Haji Mohammed, 15.04.1984, Nummer 279.

Fast achthundert Männer halten die Vereinigten Staaten von Amerika auf Guantánamo Bay fest, sie sind nicht Kriegsgefangene, völkerrechtlich geschützt, Amerika nennt sie

Enemy Combatants, feindliche Kämpfer, sie sind nicht angeklagt, haben keinen Richter, keinen Verteidiger, kein Recht auf Haftprüfung, sind nichts als gefangen in Käfigen aus Draht, 1,7 Meter breit, 2,2 Meter lang.

Noch einmal, Mister Abu Bakr: Du möchtest doch auch, die ganze Welt würde islamisch?

Im Käfig ist ein Bett aus Metall, darauf eine Matratze und zwei Laken, zwei Handtücher sind darin, Zahnpaste, Zahnbürste und eine Schüssel für Kot und Urin. Manchmal, wenn er sich erleichtert, steckt Abu Bakr ein Tuch in die Maschen des Gitters, damit ihm die Wärter nicht zusehen. Dann stehen sie von ihren Stühlen auf und lachen: Wir haben doch keine Geheimnisse, Afghane.

Manchmal, wenn er endlich schläft, klopfen sie ihre Stöcke an den Käfig.

Warst du je Mitglied einer politischen Partei oder Gruppe? Nein.

Hast du je eine Waffe besessen? Nein.

Aber du hast am Fuß von Tora Bora mit einer Waffe geschossen? Ja.

Weshalb?

Weil man mir sagte, es könne nicht schaden, zu wissen, wie man schießt.

Also hast du geschossen? Ja.

Weshalb?

Jeden Morgen um fünf lärmt ein Band zum Gebet. Dann schiebt ein Wärter das Frühstück in den Käfig. Dann warten, vielleicht schlafen, dann beten, im Koran lesen, dann das Mittagessen, warten, schlafen, putzen, duschen, warten, Verhör, Abendessen. Fünfzehn Minuten am Tag, das Duschen mitberechnet, sind die Uiguren nicht zwischen den Gittern. Bei der Dusche stehen vier Soldaten, auch Soldatinnen, sie grinsen und zeigen auf die nackten Männer, manchmal, wenn die Uiguren gefesselt sind und geblendet, stecken die Amerikaner, Soldatinnen und Soldaten, ihre Finger in den Darm der Gefangenen.

Abu Bakr rechnet aus, wie alt seine Zwillinge sind.

Wir haben Beweise dafür, dass du Mitglied der Islamischen Bewegung Ostturkestans bist, die Verbindungen zur al-Kaida hat.

Welche Beweise?

Zeugen.

Was für Zeugen?

Mach dir dein Leben nicht schwer.

Das haben mir die Chinesen schon vorgeworfen, dass ich Mitglied der Islamischen Bewegung Ostturkestans sei. Aber diese Bewegung gibt es nicht. Eine Erfindung der Chinesen, um uns zu knechten.

Wenn sie sich langweilen, werfen die Wärter Steinchen durchs Gitter. Sie stellen ihren Fernseher laut, damit Abu Bakr nicht schlafen kann. Sie furzen, wenn er betet. Einmal schmeißt er einen Becher voll Wasser auf die Wärter. Drei Tage lang öffnen sie den Käfig nicht mehr, reichen Abu Bakr nichts zu essen, nichts zu trinken.

Abu Bakr rechnet aus, wie alt die Zwillinge sind, Jahre, Monate, Wochen, Tage.

Abu Bakr, Adel, Ahmed, Akhdar und Ayub hören auf, sich zu rasieren.

Wann bist du nach Afghanistan gereist?

Im August 2001.

Also vor dem Angriff der al-Kaida auf Amerika?

Ich weiß nicht, was wann in Amerika geschah. Nach Afghanistan ging ich im August 2001. Wenn das, was in Amerika geschah, vor dem Monat August geschah, dann reiste ich nach dem Angriff nach Afghanistan. Wenn aber, was in Amerika geschah, nach dem Monat August passierte, reiste ich vor dem Angriff dorthin.

Langweilen die Wärter sich sehr, holen sie einen Gefangenen aus der Zelle und ziehen ihn aus. Ayub, der Jüngste, spuckt einem Wärter ins Gesicht. Der Wärter wirft ihn gegen das metallene Bett, Ayubs Fleisch reißt auf, der Rücken blutet. Ayub Haji Mohammed ist allergisch auf Brot, Eier, Fisch, der Lagerarzt bestätigt es. Die Wärter, wenn es Brot zu essen gibt, Eier oder Fisch, schieben Ayub einen leeren Teller in den Zwinger, Ayub wiegt noch zweiundfünfzig Kilo, er tritt in den Hungerstreik, sechs Mal, vielleicht acht.

Dreißig Gefangene verlieren den Verstand und leben in einem besonderen Käfig. Wollen die Wärter jemanden strafen, stecken sie ihn zu den Verrückten.

Vierzig Gefangene beschließen, sich zu erhängen. Wärter verhindern den Tod.

Hast du je auf Truppen der USA oder ihrer Verbündeter geschossen oder jemandem geholfen, dies zu tun?

Was für eine seltsame Frage. Es gab niemanden, auf den wir hätten schießen können.

Denkst du, die Welt wäre besser, wenn sie islamisch wäre?

Nein.

Im September 2002 erlauben die Vereinigten Staaten von Amerika der Volksrepublik China, die sie in ihrem jährlichen Menschenrechtsbericht dafür tadeln, dass China muslimische Uiguren unterdrückt, fünf Beamte nach Kuba zu schicken, um die zweiundzwanzig Uiguren zu befragen, die auf Guantánamo Bay gefangen sind.

Wenn wir dürften, sagen die Chinesen und rauchen in einem Zimmer ohne Fenster, nähmen wir dich mit nach Hause.

Nur schon, dass du den Amerikanern erzählt hast, wir hätten dich gefoltert, brächte dich zu Hause vor Gericht.

Wir wissen genau, sagen die Chinesen und blasen den Rauch in die Gesichter der Gefangenen, wie viele Kinder du hast und wo sie leben.

Dann fotografieren sie, von vorne, von den Seiten.

Gegen Ende des Jahres 2003 kommt das Verteidigungsministerium der USA zum heimlichen Schluss, fünfzehn der zweiundzwanzig Uiguren seien harmlos, das Risiko, das von zehn dieser fünfzehn ausgehe, sei gering, zumal sich deren Hass gegen das kommunistische China richte, und die fünf anderen, Nummer 260, 276, 279, 283 und 293, seien zur falschen Zeit am falschen Ort gewesen, eigentlich könnte man sie freilassen.

Ein Soldat schenkt Ayub, dem Jüngsten, einen Apfel, Ayub trägt ihn in den Käfig, ein Wärter findet den Apfel, am Apfel fehlt der Stiel.

Wo ist der Stiel, du Hurensohn, was hast du gottverdammt mit dem Stiel gemacht, wo hast du den Stiel versteckt?

Achtundzwanzig Tage Einzelhaft.

Gegen Ende des Jahres 2004, Monate, nachdem das Verfassungsgericht der USA den Gefangenen auf Guantánamo Bay endlich das Recht vermittelt hat, die Haftgründe von einem Richter prüfen zu lassen, Combatant Status Review Tribunals, sitzt Abu Bakr in einem engen Zimmer auf einem Stuhl aus weißem billigen Plastik, Hände und Füße an einen Bolzen gekettet, der im Boden steckt. Ein Richter thront auf schwarzem Leder, in seinem Rücken hängt ein Spiegel, dahinter, unsichtbar für den Gefangenen, Soldaten.

Ihr Amerikaner, beginnt Abu Bakr Qassim, ISN # 283, ihr seid nicht unsere Feinde. Wir Uiguren haben genug Feinde, die Chinesen, mehr als eine Milliarde. Weshalb sollten wir uns noch weitere Feinde schaffen? Sie werfen mir vor, ich hätte, als ich in Afghanistan war, den Koran gelesen. Wie können Sie mir das vorwerfen? Amerika ist doch ein demokratisches Land mit der Freiheit zu glauben, was man will. Wie können Sie uns vorwerfen, wir hätten den Koran studiert? Wie kann jemand die mächtigen USA beschädigen, wenn er den Koran liest? Ist es denn ein Verbrechen, als Muslim den Koran zu studieren? Wenn das ein Verbrechen sein soll, weshalb dann statten Sie uns hier in Guantánamo Bay mit dem Koran aus? Wenn es ein Verbrechen sein soll, den Koran zu lesen, was ist dann der Unterschied zwischen Amerika und China? Der ganzen Welt hat Amerika verkündet, es kämpfe für Menschenrechte und Demokratie. Aber Amerika, indem es uns Uiguren behandelt wie Vieh, verrät sich selber. Unser Vertrauen in Amerika war groß. Immer dachten wir, wenn uns jemand die Freiheit bringt, dann Amerika. Wie können Sie mich einen feindlichen Kämpfer nennen, mich, der ohne Waffe unterwegs war, verkauft von einigen Pakistanern? Als ich noch zu Hause war, las ich Geschichten über Amerika, verbotene Geschichten. Ich las, ein Präsident von Amerika habe einmal ein altes Haus zerstören wollen, um dort ein neues zu bauen. Doch zuvor sei er auf das Dach gestiegen und habe dort einen kleinen Vogel in einem kleinen Nest gefunden, sein Junges wärmend. Darauf habe der Präsident entschieden, das Haus stehen zu lassen, so lange, bis das Junge fliegen konnte, redet Abu Bakr vor seinem Richter.

Auch dieses Gleichnis ist der Grund, weshalb ich auf Amerika so sehr hoffte.

Abu Bakr, Adel, Ahmed, Akhdar und Ayub, seit zweieinhalb Jahren auf Kuba, erhalten einen neuen Titel, NLEC, Not longer Enemy Combatants.

Ein Rechtsanwalt aus Boston, Sabin Willet, den Menschenrechten verpflichtet, darf Abu Bakr und Adel besuchen, Juli 2005, Willet trifft sie in einer Sperrholzhütte ohne Fenster, Hände und Füße an einen Bolzen gekettet, der tief im Boden steckt. Der Anwalt, fast zufällig, erfährt, dass die beiden von allen Vorwürfen längst befreit sind, keiner hat es den Uiguren je gesagt. Willet reicht Abu Bakr das Telefon, Abu Bakr ruft seine Frau an, er weiß nichts zu reden, sie weint. Die Zwillinge sind fünf Jahre alt.

Beim Supreme Court der Vereinigten Staaten von Amerika stellt der Anwalt den Eilantrag, seine Klienten seien sofort in Freiheit zu setzen. Das Verteidigungsministerium bedauert, über hundert Länder habe man bereits gefragt, von Angola bis Australien, von Deutschland bis Schweden, Gabun, Liechtenstein, Ägypten, Brasilien, Frankreich, Jamaica, Chile, aber keins sei bereit, die Uiguren aufzunehmen, vielleicht deshalb, weil niemand es mit den Chinesen verderben wolle.

Die USA, aus Angst, ein Beispiel zu schaffen, weigern sich, die Uiguren ins Land zu holen.

August 2005, Verlegung von Camp Delta nach Camp Iguana, vier Kilometer. Die Uiguren, umgeben von Zäunen und Stacheldraht, bewacht von Soldaten, dürfen sich bewegen, sie dürfen kochen, fernsehen, Zeichentrickfilme, Tierfilme und Harry Potter, keine Nachrichten. Der Anwalt möchte ein Wörterbuch schicken, Uigurisch-Englisch. Verboten, richtet die Gefängnisleitung aus, alles, was Gefangene gegen die USA benützen könnten, gehöre nicht nach Guantánamo Bay.

Ayub schmerzt der Rücken.

Ahmed schreibt am 19. Januar 2006 der Außenministerin der Vereinigten Staaten, Condoleezza Rice, einen Brief.

Dass ein Land wie die USA, das dafür eintritt, die demokratischen Rechte unterdrückter Völker zu fördern und zu schützen, jemanden so behandelt, wie ich behandelt worden bin, das übersteigt meine Vorstellungskraft. Ich frage mich, ob die amerikanische Regierung vorhat, mich hier bis in Ewigkeit gefangen zu halten, falls sie kein Land findet, das mich aufnimmt. Ist das Gerechtigkeit?

Abu Bakr fällt ein, dass er irgendwann Geburtstag hat.

Ayub schmerzt der Rücken und verlangt einen Arzt. Als keiner kommt, stürzt er den Fernseher vom Gestell.

Einzelhaft.

Uiguren in den USA bieten an, ihre Landsleute bei sich aufzunehmen.

April 2006, in Tirana wartet der Botschafter der USA in Albanien dem Ministerpräsidenten auf, Sali Ram Berisha. Der, Regierungschef eines der ärmsten Flecken Europas, ist bereit, die fünf Uiguren ins Land zu lassen. Und Albanien wünscht, die USA verhälfen der südserbischen Provinz Kosovo, wo die Mehrheit albanisch ist, zur politischen Unabhängigkeit, und Amerika, außerdem, beförderte Albaniens schnelle Aufnahme in den Nordatlantikpakt Nato.

Condoleezza Rice antwortet Ahmed nicht.

Am Vormittag des 1. Mai 2006 tritt ein Offizier in den Zwinger, endlich habe man ein Land gefunden, das bereit sei, sie aufzunehmen. Welches, dürfe er nicht sagen.

Abu Bakr, Adel, Ahmed, Akhdar und Ayub hoffen, es handle sich um Deutschland, um die Schweiz oder die Türkei.

Am Nachmittag spricht ein Vertreter des Internationalen Komitees vom Roten Kreuz den Namen aus, Albania.

Sie verstehen Almania.

Drei Tage später, nach vier Jahren auf Guantánamo Bay, reicht man den Männern neue bunte Kleider, Jeans, Hemden, Jacken, Schuhe, auch Zahnbürsten und Kämme, Made in China, zum Abendessen gibt es Fleisch. Der Leiter des Gefängnisses lässt ausrichten, er bitte um Entschuldigung.

Dann, gegen elf Uhr nachts, befiehlt einer die fünf Uiguren in eine Maschine der Luftwaffe, gefesselt hocken sie in ihren Sitzen, umzingelt von dreißig Soldaten, zwölf Stunden bis Albanien.

Seine Angst, den Chinesen überstellt zu werden, verliert Abu Bakr erst, als er am Morgen des 5. Mai 2006 europäische Gesichter erkennt, Mutter-Teresa-Flughafen, Tirana. Zwei albanische Beamte stehen bereit und schreiben Namen auf, dann winken sie die Uiguren in einen kleinen Bus und bringen sie nach Babru an den Rand der Stadt. In Babru ist eine alte Kaserne, ein paar niedrige gelbe Häuser, das National Center for Refugees, Qendra Kombetare per Azil kerkues, belagert von Zäunen, Mauern und Dreck, die Fenster vergittert, am hohen Metalltor steht ein Wärter, in seinem Gürtel eine Pistole, Frühstück von 08:30 bis 09:00, Mittagessen von 12:00 bis 13:00, Abendessen von 18:00 bis 19:00, Nachtruhe von 22:00 bis 05:00, drei Stunden Wasser am Tag.

Der Anwalt in Boston erfährt von der Freilassung seiner Klienten per E-Mail.

Zwei Tage später, 7. Mai 2006, reist Ministerpräsident Berisha nach Kroatien und trifft dort Dick Cheney, Vizepräsident der USA, der Berisha versichert, Albaniens Wunsch, Mitglied der Nato zu werden, habe er sich gut gemerkt. Berisha lobt, Albanien sei bereit, dafür jeden Preis zu bezahlen.

Die Uiguren, ohne Geld und Papiere, sitzen in der Kaserne an der Kante der Stadt und sehen fern, sie haben vier Zimmer, in einem schlafen Ayub und Akhdar, im andern Adel und Ahmed, im dritten Abu Bakr, der Älteste, achtunddreißig.

Ein Arzt prüft die Gesundheit der Männer, Abu Bakr, Adel, Ahmed, Akhdar und Ayub haben Blut der gleichen Gruppe, A.

Albanien schenkt jedem fünfzig Euro im Monat. Die Fahrt in die Stadt kostet acht, ein Anruf nach Hause zwanzig.

Sie rasieren sich wieder.

In einem Internetcafé am Skanderbergplatz drücken sie die Ziffer 9/11 in ein Suchprogramm, sehen zum ersten Mal die brennenden Türme des World Trade Center in New York, 11. September 2001.

Sie sitzen in der Kaserne und sehen fern, albanische Lieder, serbische Tänze, kroatische, mazedonische, griechische, italienische, Nachrichten, die sie nicht verstehen. Ein halbes Jahr lang, dreimal in der Woche, reist eine Lehrerin an und unterrichtet Albanisch, dann kommt sie nicht mehr, man habe ihr keinen Lohn bezahlt.

Spielst du Fußball?, fragen die Zwillinge am Telefon.

Dreimal sucht der chinesische Botschafter für Albanien den Ministerpräsidenten auf und bittet um die Auslieferung der fünf Uiguren. Albanien, lässt China wissen, verletze internationales Recht. China sagt den Besuch seines Außenministers in Tirana ab.

Sie warten und sehen fern, fahren am Freitag in die Stadt zum Gebet, sie gehen durch die Straßen, langsam und müde, die Hände auf dem Rücken, einer hinter dem andern.

Wann?, betteln die Zwillinge.

Einmal steht der chinesische Generalkonsul in der alten Kaserne, sieht sich um, sucht etwas und verschwindet im schwarzen Mercedes.

Einmal tritt ein Vertreter des Flüchtlingskommissariats der Vereinten Nationen UNHCR in den Hof und fragt, wie es gehe.

Wir sterben vor Langeweile.

Dafür ist Albanien zuständig, sagt der Mann.

Mitte Mai 2007 leisten sie sich ein Taxi zum Amtssitz von Ministerpräsident Berisha, ihn um seine Hilfe zu bitten. Sie erreichen das Vorzimmer, ein Sekretär sagt, Berisha habe viel zu tun in Zeiten, da er den Besuch des amerikanischen Präsidenten Bush erwarte.

Meine früheste Erinnerung, erzählt Adel, als er nachts auf seinem Bett liegt, ist, dass ich mich, auf der Suche nach Schafen, in den Bergen verirrte, drei Tage lang, und dabei fast erfroren bin.

Ayub schmerzt der Rücken.

Über Guantánamo reden sie nicht.

Sie beschließen, am 10. Juni 2007, wenn Präsident George W. Bush Tirana besuchen und vom Flughafen in die Stadt gleiten wird, an der Straße zu stehen, zu schauen und zu schweigen.

Der Leiter des Flüchtlingsheims lädt die Uiguren zu einem Ausflug ans Meer, nicht sehr weit, sagt er, wenn sie Bush sehen wollten, dann halt am Abend nach der Rückkehr. Unterwegs wird dem Heimleiter schlecht, eine Olivenbaumallergie, behauptet er, und legt sich drei Stunden lang in ein Krankenhaus, zu spät, um Bush zu schauen.

Am 3. August 2007 bringt ein Beamter des Innenministeriums fünf dunkle blaue Reisepässe in die Kaserne von Babru, die belagert ist von Zäunen, Mauern und Dreck, This document is valid for all countries except China, the holder is authorized to return to Albania.

Manchmal müssen sie lachen.

Im November reist Adel nach Schweden, wo seine Schwester lebt, vier Tage darf er bleiben. Adel bittet um Asyl und fliegt nicht zurück nach Albanien, er wartet.

An Neujahr ruft er die vier anderen an und wünscht alles Glück der Erde.

Manchmal schreckt Abu Bakr aus dem Schlaf und weiß nicht, wer geschrien hat.

Waterloo,
Austerlitz

An hellen Tagen zu Bad Pyrmont saß das Kind auf dem Apfelbaum des Großvaters und war Indianer, er ist Indianer, der Stock, der sich verjüngt, ist ihm das Indianergewehr, der Astknoten der Abzug, und kaum setzen die Büffel durchs Land, dass es stiebt, schreit die Tante auf, Jörg, essen!, der Indianer hörte sie nicht –

Jörg Immendorff, deutscher Maler, Grafiker und Bildhauer; Prof., in die Welt gepresst nach dem Ende des Kriegs, 14.6.45, einziges Kind seiner Eltern in Bleckede an der Elbe, fünfundzwanzig Kilometer hinter Lüneburg, hier BRD, dort DDR.

Jetzt, längst grau an Bart und Haar, krank auf den Tod, schwingt er seinen rechten Arm, der ihm verfügbar geblieben ist, holt aus und schleudert ihn hoch zum Mund, spreizt Mittelfinger und Zeigefinger, die braun sind, das Fleisch verbrannt, und klemmt die Zigarette dazwischen, Immendorff lässt den Arm sinken, das Glied baumelt aus, und Asche fällt auf den Boden des Ateliers, Stephanienstraße 4, 40211 Düsseldorf, Frühjahr 2005, Flugzeuglärm.

Dann holten sie mich vom Apfelbaum, redet Immendorff mit tiefer lauter Stimme, und zwangen mich zu Tisch. Ich war Indianer, spielte ihn nicht.

Wenn er Großvaters Suppe nicht mochte, tröstete er sich, dass er mit jedem Löffel, den er hob, den Hirsch erkannte, eine Viertelsekunde lang, der auf den Grund des Tellers gebrannt war, oder die Windmühle, die Heide, Löffel nach Löffel, und so grub sich das Kind dem Bild entgegen, das verschüttet lag unter Hafer und Kohl.

Professor Jörg Immendorff, im sechzigsten Jahr seines Lebens, gerühmt und besungen, ganz in Schwarz, sitzt auf einem hohen blauen Stuhl, der auf hölzernen Klötzen steht, Schrauben darin, damit das Möbel nicht rutscht, nicht kippt. Immendorffs linker Arm, der Malarm von einst, hängt ihm lahm und geschwollen von der Schulter, Immendorff bückt sich zur schweren Tasse, die vor ihm auf dem Tisch steht, saugt am Halm.

Eva, lärmt er in den Saal, noch mehr Tee, bitte.

Eine blonde Magd eilt aus dem Büro.

Die Tür zu, Eva, Tür zu, damit wir vom Telefon nicht geplagt werden.

Neon leuchtet, auf dem Tisch liegen Skizzen, Geldscheine, Zigaretten, ein Zinnsoldat, daneben ein Foto, das Ida zeigt, die dreijährige Tochter, blond und erst am Anfang.

Bitte!, befiehlt er.

Herr Immendorff, warum empfangen Sie noch Journalisten? Das hätten Sie nicht nötig.

Immendorff, so gut es geht, richtet sich auf.

Also, sagt er, also das, was ich nötig habe, das ist ja die große Frage. Das ist ja nicht am grünen Tisch zu beantworten. Ist bestenfalls zu erproben. Und das Ausloten und Erproben dauert an und wird über mich hinaus andauern, über meine irdischen Möglichkeiten. Es geht ja um / sagen wir mal / es geht in der Kunst um das Bezwingen der Erdanziehung. Die Erdanziehung ist mir suspekt. Die hat in der Kunst nichts zu suchen, auch nicht im konstruktiven Anarchismus.

Antwortet Immendorff.

Wenn er krank im Bett lag, machte er Knoten in die Taschentücher, Indianer. Jörg Immendorff zeichnete in Bücher, malte mit Wasserfarben, seinem Lehrer schlug er vor, ein Diktat, statt zu schreiben, zu zeichnen. Sonntags hielt er Krieg, bot Zinnsoldaten auf, der Vater spielte mit und ließ nicht zu, dass der Kleine gewann, Waterloo, Austerlitz, der Vater schnippte die Regimenter des Sohnes weg, Sonntag um Sonntag, der Kleine zeichnete Schlachtpläne, er wollte früh Maler werden, Künstler in Paris, wo man schwarze Rollkragen trug, Rotwein trank, der Lehrer verbot ihm, mit der linken Hand zu schreiben.

Weinen Sie oft?

Er ist dünn geworden, nicht leise, am linken Arm trägt er eine Uhr, der berühmte Immendorffsche Affe auf dem Zifferblatt, eine Fackel in der Hand, Affe und Biene sind Immendorffs Wappenvieh, bevölkern seine Bilder, Imme bedeutet Biene, Immendorff zögert, Trauer im Gesicht, vielleicht nur Müdigkeit, und sucht eine Antwort, die seine ist. Und also spricht Immendorff.

Ja, ich kann weinen. Ich kann / ich habe gehadert, aber ich / ich habe / ich wusste, dass / und zwar durch Dinge, die in meinem Leben passiert waren zuvor / also harte Dinge / dass ich immer eine Möglichkeit bekam / also in den schwärzesten Momenten, wo nichts geht, wo man mit seinem Latein am Ende ist, wo wirklich nichts mehr geht / das soll mal genügen so.

Er holt Luft, Immendorffs Lunge leistet das Drittel einer gesunden.

Ich glaube, das Wichtige ist, dass man unbedingt aktiv werden muss, unbedingt / also man muss denkerisch / man muss das als Material nehmen / das klingt wohl kokett und lässig, ist es aber nicht / so / jeder von uns ist von irgendetwas krank. Und Sie können genauso gut sagen / also ich kenne Fälle, wo ich mich noch immer als höchst privilegiert empfinde, Sie müssen nur einmal durch die Neurologie gehen, wo junge Menschen sind mit großen Köpfen / was da alles an Hirntumoren ist / das macht es ja nicht harmloser / kann auch nicht zur Beruhigung / das Leid anderer dient ja nicht zu Beruhigung für einen, unterschwellig vielleicht doch, indem man sich sagt, es könnte ja noch viel schlimmer kommen. Und das sagt man sich, glaube ich, bis zum Schluss, ich weiß es nicht. Und dann kommt aber doch auch Dankbarkeit auf / was heißt aber schon Dankbarkeit? / ist doch auch so etwas bürgerlich Eingetopftes, in der bürgerlichen Plantage leider mehr zu Hause als da, wo es hingehört / eigentlich / weil es so oft strapaziert wird / auch / verlogen dann benutzt wird / aber wenn meine Tochter mir sagt, keine Sorge, Papa! / dann ist da –

Immendorff weint nicht.

Er war zu leicht, zu dünn, kränklich, seine Eltern brachten das Kind in ein Heim, 1956, Schwarzwald, Jörg Immendorff war elf Jahre alt. Und als er wiederkam, standen am Bahnhof von Bleckede nicht Mutter und Vater, sondern Bekannte, und die sprachen den Satz. Deine Mama ist im Krankenhaus, dein Papa hat euch verlassen. Immendorff begriff nicht, hatte keine Welt, die Mutter schickte das Kind in ein Internat nach Bonn, Ernst-Kalkuhl-Gymnasium, sechzig Betten in einem Saal, an den Wochenenden fuhren Limousinen vor und holten Immendorffs Kameraden ab, er rechte das Laub vom Fußballplatz, fand die neue Welt kindisch, Immendorff redete viel und laut, er zeichnete, um zu Schokolade zu kommen, die Zeichnungen der Mitschüler, Mama schickte Bücher über Picasso, Chagall, Cranach, Immendorff zeichnete das Titelblatt der Schülerzeitung, er meldete sich beim Theater der Stadt Bonn und war Statist, Immendorff stand auf der Bühne, leblos, mit einem Kerzenständer in der Hand, und brach in Tränen aus, wenn Trauer wallte, einmal schmiss der Mime Kinsky, der Hamlet auf eine Weise gab, dass das Publikum zu lachen begann und zu lärmen, den berühmten Schädel unter die Zuschauer, Immendorff vermutete darin nicht billige Wut, aber Kunst, großartig und genial, die Kameraden ritten Mopeds, Immendorff ein altes Fahrrad der Marke Vaterland, sie trugen Levi's, er Namenloses, man rauchte Gauloises, las Rimbaud, trug Kordjacken und rasierte sich Geheimratsecken, um ohne Schwierigkeit ins Kino zu kommen. Bei einer Schulfeier stellte Jörg Immendorff Aquarelle vor, 1960, ein Schriftsteller las und kaufte zwei Blätter zu fünf Mark, dann kaufte der Englischlehrer, die Deutschlehrerin, Immendorff fühlte sich begriffen und wichtig, sein Vater wollte, dass er, im Schoß der Bundeswehr, Medizin studiere, Immendorff befolgte nicht, was einer wünschte, der ihn nie hatte gewinnen lassen, Sonntag nach Sonntag, Waterloo, Austerlitz. Immendorff, der nun nicht mehr im Internat wohnte, strich dem Besitzer des Bonner Jazzkellers New Orleans Club die Wände schwarz, versah sie mit Kubistischem und hängte seine Werke auf, erste Kritik in einer Zeitung: Immendorffs Bilder strahlen Leben, zweispaltig, 1961, er löste hundertvierzig Mark. Und als schließlich einer das Gymnasium verließ, um Schüler der Kunstakademie Düsseldorf zu werden, wollte auch Immendorff nach Düsseldorf. Besteh, sprach Mama, zuerst die mittlere Reife, mir zuliebe.

Macht die Tatsache, Herr Immendorff, dass Sie eine dreijährige Tochter haben, Ihr Sterben schwieriger?

Bitte zünden Sie mir eine Zigarette an, ja.

Schauen Sie, sagt er und stößt den Rauch in die Halle, die Atelier ist, überstellt von Bildern und Farben, schauen Sie, sagt der Mensch Immendorff, es gibt ganz kurze Momente, wo ich solche Gedanken zulasse, wo ich die Tür aufmache für solche Gedanken und sie sofort wieder schließe, also ich mache sie freiwillig gar nicht auf. Ich will nicht, kann mir das nicht leisten. Ich bin zu sehr noch hier.

Er wird stumm.

Erinnern Sie sich an den Tag, da der Untergang begann?

Was heißt Untergang?, knurrt er. Also, wenn ich mich heute nun selber im Spiegel angucke, dann gucke ich heute lieber in den Spiegel als früher / ja / ja / man könnte sagen / kann sagen / wenn man so will / ich habe das Gefühl, ich sei zu einer Sache zurückgekehrt / oder ich habe einen Pfad wiedergefunden, den ich von irgendwoher noch kannte.

Mit der Hand, die ihm geblieben ist, wischt er Asche von der Hose. Pinsel stehen in Gläsern, über den großen Fenstern das Spruchband aus China, rote Schrift: Professor Immendorff Welcome to our Academy.

Flugzeuglärm.

Im Sommer vor sieben Jahren, mit seiner neuen Frau, einer jungen Bulgarin, auf Fuerteventura, entglitt ihm, der auch im Urlaub zeichnete, der Bleistift, immer wieder. Der Hausarzt wusste nicht weiter und schickte den Künstler zu einem Neurologen nach Neuss. Der untersuchte und sprach: ALS, Sie haben noch zwei Jahre, Amyotrophische Lateralsklerose, eine seltene Sache, im Gehirn sterben die Nervenzellen ab, die Ihre Muskeln steuern, ohne Impulse aus dem Hirn verkümmern die Muskeln, sie erlahmen, die Gliedmaßen zuerst, irgendwann Zunge, Kehlkopf, Lunge, unheilbar.

Ich fand das dermaßen unverschämt. Erst mal hat mich diese direkte Äußerung, Sie haben noch zwei Jahre, empört / also, so schnell war ich gar nicht, kopfmäßig, dass ich das auf mein Ende bezog, aber / aber diese Art der Offenbarung hat mich empört, der Schock kam ja erst später. Das ist / man drückt / es gibt gewisse Dinge, die einen sprachlos machen, so / also, man kann versuchen / ohne dass man schnell die weiße Fahne hisst, was gar nicht meine Art ist / also man kann schon sagen, dass, was da herum als Brocken / stellen wir uns vor, der Kern ist also verbal nicht zu beschreiben / und darum herum schwirren also Brocken, Meteoriten, die aus dem Wutzentrum weggeschleudert werden / und die kann man dann von einem Wechselbad der Empfindungen von / also / Zorn und auch / und weil man als Künstler vielleicht nur bedingt leicht / ob er es will oder nicht / über Abstraktion hantiert / ja / und der Tod das große abstrakte Finale für uns alle ist –

Immendorff schwingt den rechten Arm ins Gesicht, kratzt sich die Nase, er lässt den Arm sinken, die Hand klatscht aufs Bein. Ein Stühlchen steht hinter ihm, ein Tischchen, Farbstifte darauf, manchmal sitzt Ida hier, Meter neben dem Hochsitz des Vaters, der immer langsamer wird und dünner.

Jörg Immendorff, achtzehn, bewarb sich an der Staatlichen Kunstakademie Düsseldorf, wurde aufgenommen, Fachrichtung Bühnenbild beim berühmten Teo Otto, 1963, Jörgs Rüstung waren ein schwarzes weites Cape, ein Stock mit silbernem Knauf, er war Dandy, spielte ihn nicht, Mama schenkte Bücher, Immendorff, noch Kind, heiratete eine Studentin, zehn Jahre älter, *Die große Nacht im Eimer* zeigte einen Knaben mit riesigem Penis, sich selbst erlösend, ein erster kleiner Skandal, Hauptsache, fand Immendorff, man schreibt meinen Namen mit zwei F, die Welt ist Bühne. Immendorff, um zu überleben, malte Bierdeckel an und verkaufte sie, er wusch Autos, war Kellner, und die Ehe erschöpfte sich schnell. Als Teo Otto, der Lehrer, Geburtstag feiern wollte und die Schüler sich anschickten, den Festraum zu schmücken, weigerte sich Immendorff, seine Werke herzugeben, Immendorffs Kunst ist nicht Dekoration, bemalte Autotüren, bemalte Fensterläden, Immendorff, auf Druck, verließ die Klasse und wechselte zu Joseph Beuys, Ikone des Kunstbetriebs, 1964, Raum 19 der Kunstakademie Düsseldorf, Immendorff bekam eine Ecke zugewiesen und steckte sie schnell mit drei Milchtüten ab, auf den Milchtüten viele Punkte, aus einer Leinwand schnitt der Neue eine Toilettenmatte und legte sie vor Raum 19, damit jeder, der ins Zimmer wollte, darüber gehen musste, Jörg war neunzehn, verehrte und fürchtete Meister Beuys, malte ihn immer wieder, mit Sternenmantel oder Fliegerjacke, Beuys als Schwimmer, als Nichtschwimmer, nie ohne Hut, was Beuys lobte, bewahrte Immendorff auf, was er tadelte, überstrich er, Immendorff rief sich zum Beuysritter aus, 1965, mit Kartonschwert und weißem Hemd posierte er einem Fotografen. Und eines Tages steckte ein Bauarbeiter ein Lackbild, das Immendorff in der Akademie liegen hatte, in einen Kabelschacht, um ihn abzudichten, Immendorff, nach Stunden der Beruhigung, schuf daraus eine Aktion, *Andere mögliche Funktion eines Bildes*, denn die Einsicht, dass ein Bild auch zur Dichtungsmasse taugte, war ihm Antithese zum Usus, Bilder an die Wand zu hängen, um sie anzuschauen. Immendorf lud den Bauarbeiter ein, rote Linien auf einen weißen Grund zu streichen und, schwarz, seinen Namen hinzuzusetzen, Gansäuer, Herr Gansäuer strich rote Linien auf weißen Grund, schrieb seinen Namen, Immendorff gab die Worte hinzu: Deutsche Maurer malen gut. Immendorff, immer kräftig und grob, malte das Werk *Malt Adler*, einen gelben Adler im Hochformat, er malte das Bild *Deutscher Pass*, die Fahne der Republik, das Wort Immendorff im gelben Feld, Immendorff malte Zinnsoldaten, Zuckerwürfel, Kekse, Nagelfeilen, Manöverkarten, Jörg war neunzehn, zwanzig, er malte Mickeymäuse, Entenhausen, für *Mona Schwana* – Beuys als Mona Lisa – bezahlte der Lehrer dem Schüler zweihundert Mark. Immendorff bahrte ein Bild unter den tropfenden Wasserhahn, *Nichtschwimmer*, eine ganze Woche lang, Kunst darf alles, Immendorff war stolz, dass keiner seiner Mitschüler Adler malte. Und eines Tages, unzufrieden vor einem Werk stehend, Kunstharz auf Leinwand, 135 x 135 cm, griff er zornig zum Pinsel, strich ein X aufs Gemälde, rot, blau, und den Befehl: Hört auf zu malen. Beuys sprach: Superbild.

Gibst du mir mal kurz ne Zigarette, Markus?

Ein Gehilfe eilt, steckt Immendorff eine Zigarette in den Mund, zündet sie an.

Es ist nun nicht so, dass ich jeden Tag mit dem Gedanken an den Tod verbringe. Eher ist es auch etwas Befreiendes, ich meine / bin da irgendwie / glaube ich / auch privilegiert, weil ich, dem Tod so nahe, mich mit ihm beschäftigen muss. Ich bin zu sehr noch hier / es gibt ja dumme Tode, wo man denkt, was soll der Quatsch? / Aber / ja / ich bin zu sehr noch hier, und je mehr ich dieses Hier bejahe, macht das Jenseits mehr Sinn. Es ist ja nicht eine Treppe, die immer goldener wird, die unten hölzern anfängt und oben mit Gold endet / vielleicht ist ja die erste Stufe aus Gold und die letzte aus Holz / mit sehr viel Mist dazwischen, ich weiß es nicht / aber ich denke, je intensiver man lebt / wenn ein Tag intensiv ist, speist sich etwas Anderes, ich meine, warum habe ich das Foto von Beuys über meiner Tür hängen? Oder den Mao? Sicher nicht als religiöse Veranstaltung, sondern / weil mich das an Dinge erinnert, die mich weiterhin befassen / und ausmachen, aber doch auch sie, den Beuys und den Mao, weiter aufladen. Ja / selbst die jenseitigen Energien speisen sich von den Eindrücken, die man hinterlässt. Das wäre auch ein guter Grund, sich halbwegs anständig zu benehmen auf der Erde, damit / damit man / gute Chancen hat, für sich weiter zu glühen. Und wer sagt denn, dass das gesunde Ansichdenken etwas Schlimmes ist?

Herr Immendorff, wer füttert Sie?

Füttern! – Verächtlich wiederholt er das Wort.

Immendorff schweigt, sucht seine Antwort.

Ich verteidige mein Territorium so gut es geht. Gewisse Sachen / da muss man lernen, Hilfe anzunehmen, ob einem das passt oder nicht. Das ist nicht immer lustig / ja / auch von den Leuten, die es gut meinen mit einem, also / also das ist es / glaube ich / was mich eigentlich nervt, also nicht das Endliche, das ist / ist zwar auch ziemlich unverschämt, aber das ist so.

Wer zieht Sie an?

Bart und Haar sind grau und kurz, über den Schädel zieht sich eine dicke Ader.

Das geht mir zu weit, sagt der Mensch Immendorff, laut und fest, nicht herrisch, vielleicht traurig oder müde.

Amyotrophische Lateralsklerose! – er war dreiundfünfzig, verliebt in seine Schülerin Oda Jaune, dreiundzwanzig, Bulgarin, schön. Er schaltete sich ins Internet, las, was über seine Krankheit geschrieben stand, Gendefekt, durchschnittliche Überlebensdauer drei Jahre, der Geist bleibt unversehrt bis zuletzt, sechstausend Betroffene in Deutschland, zu uninteressant für die Pharmaindustrie. Die Universitätsklinik Düsseldorf tippte auf eine Erkrankung des Immunsystems. Kurze Hoffnung. Immendorff reiste nach München und ergab sich einem Arzt, der ihm Mengen von Blut entnahm, das Blut einer Behandlung aussetzte und es

Immendorff wieder in den Körper pumpte, Immendorff wurde wütend, vergaß sich und schrie. Man maß die Nervenleitgeschwindigkeit, maß dies und das, die Schritte, kaum merkbar, wurden unsicher, der linke Arm, der Malarm, schwach, Immendorff malte nun rechts. Am 1. Juli 2000 heiratete er die Schülerin.

In Tiflis, Georgien, lernte er den Bundeskanzler Schröder kennen, der, auf Staatsbesuch, auch Immendorffs Ausstellung heimsuchte, die Männer gefielen einander, und auf dem Rückflug fragte Schröder Immendorff: Hast du nicht Lust, mein Porträt zu malen?, das Bild kam nie zustande. Immendorff, selten leise, lärmte in einer Zeitung: Bei der Reputation, die ich ständig von China bis Mexiko für mein Land einfahre, müsste ich von der Bundesregierung eigentlich pausenlos Schecks für PR kriegen. Er vernahm von einer Russin, die geistigen Zutritt habe zu Unzugänglichem, Immendorff bat um Hilfe, ein russischer Arzt war zugegen, man vollzog ein Gemisch aus Gebet und Reinigung, die Schritte immer kürzer.

Am 13. August 2001 gebar Oda Jaune ein Mädchen, im November durfte Immendorff mit Schröder nach Indien und China, die Krankheit fiel nicht auf, Immendorff, begleitet von seiner Frau, reiste zu Ärzten nach Berlin, nach New York. Er warb für Herrenanzüge der Marke Windsor und schimpfte in den heimischen Blättern, unhistorisch sei es, keins seiner Werke in den Reichstag zu hängen. Und eines Tages rief ein Journalist an, man wisse, dass Immendorff unheilbar krank sei, ob er dazu etwas sagen möchte, Immendorff fühlte sich erpresst und redete. Schließlich, 2003, reiste er nach Brasilien in den Urwald zu einem Schamanen und setzte sich zu Dutzenden, die Erlösung suchten, Immendorff sollte meditieren, er schloss die Augen und tat das Mögliche, er sollte kein Schweinefleisch mehr essen, sich in keine Frau versenken, der Wundermann sah Immendorff an und sprach, so hieß es, mit den Stimmen Heiliger, er schrieb Seltsames auf Papier, ein Rezept für Kräuter, der Wundermann, so hieß es, operiere spirituell. Nach dem Eingriff lag Immendorff drei Tage lang erschöpft im Bett, Rückkehr nach Deutschland, Stephanienstraße, Düsseldorf, Rollstuhlaufzug im Treppenhaus.

Das Telefon.

Wenn das Rosa ist, muss ich sie kurz sprechen.

Eva, die blonde Gehilfin, legt Immendorff den drahtlosen Hörer hin, die Stimme einer Frau, die sich entschuldigt, dass sie erst jetzt zurückrufe.

Rosa, sagt Immendorff, Schröder soll die Ausstellung in der Nationalgalerie eröffnen, 22. September, 18 Uhr, kannst du ihm das sagen?

Eva, befiehlt Immendorff, schick dem Kanzleramt einen Brief, 22. September 2005, 18 Uhr, Nationalgalerie, Schröder soll reden.

Bitte!, befiehlt er.

Herr Immendorff, was prägte Ihre Kindheit am stärksten?

Immendorff, so gut es geht, richtet sich auf in seinem blauen hohen Stuhl, der auf hölzernen Klötzen steht, festgeschraubt im Boden des Ateliers.

Die Scheidung! Die Scheidung meiner Eltern. Und das Sich-einrichten, ich musste mein Leben einrichten / erfinden.

Sie waren Dandy, Maoist, Anarchist, Lehrer, Rocker, Malerfürst, Professor, Gatte, Vater, Sie ließen wenig aus – spielten Sie Rollen?

Immendorff sagt, ich habe nicht von einem Fach ins andere gewechselt / welchem Affen gebe ich heute Zucker? / Zum Teil war es Kalkül, andererseits denkt man nicht daran. Für andere war es kurios, ja. Das habe ich einfach benutzt. Das war ich. Es war nicht so, dass ich / also / dass ich sagte, ich spiele das / das war ich, ich habe das voll verinnerlicht / und dann über mich selber gewundert, als die Wände langsam einbrachen / es peu à peu Risse gab / die Wand plötzlich zusammenfiel, und dann denkt man, Moment, vor einer Woche hast du noch das und das gemacht, und jetzt findest du es idiotisch / oder zumindest lag dann kein Grund mehr vor, so weiterzumachen.

Schämten Sie sich?

Für nichts schäme ich mich, ich schäme mich für keinen Exzess / das war so / ist nun vollkommen egal / würde nichts mehr daran ändern. Ich schäme mich nicht für meine radikalen politischen Positionen / noch für mein Anarchistentum / im Gegenteil, viele meiner frühen Aktionen empfinde ich heute beinahe als seherisch / die haben also ihre Bestätigung erfahren / gerade mit dem nötigen Abstand, den die Kunst auch braucht.

Er war einundzwanzig und lud, wie es üblich war unter seinesgleichen, zu Aktionen. Immendorff bat Freunde in die Anderthalbzimmerwohnung, Beuys dabei, die Aktion hatte einen Namen, *Frisches*. Den Gästen war befohlen, ein Kunstobjekt mitzubringen. Und so traten sie ein, an der Wand Immendorffs Kunst, pausbäckige fette Säuglinge in Dispersion, *Hapmi lieb, Teine Tunst mache, Bä Tunst bä*, Leinwand, 155 x 155 cm, Immendorff empfing im Flur und trug eine Babymaske, war Baby und klebte den anderen Zettel auf die Schulter, darauf das Wort Frisches. Beuys brachte Filz mit und las einen Speiseplan vor, dann setzten sich alle auf ein großes schwarzes Tuch, das Tuch hieß Versammlungsobjekt, einmal, Aktion *Reigen*, hielten sie sich zu fünft an den Händen, wieder mit Beuys, der auf dem Rücken Filz trug, sie fotografierten sich und erließen ein Manifest, *Die Kräfte vereinen, Positionen stärken.* Einmal, wieder als Baby, kletterte Immendorf auf eine Leiter und warf Blumen ins Publikum, am Boden lagen große Buchstaben, die, zusammengesetzt, das Wort Vietnam ausmachten, einmal umgab Immendorff ein Aktmodell mit Brettern und Papier, Aktion *Verbaut die Modelle*, bis die Mitschüler, die zeichnen sollten, sich wehrten, einmal verkleidete er sich, der jeden Morgen, wenn er zur Akademie ging, die gleiche Amsel zu erkennen glaubte, als Amsel, einmal stellte er ein Bild vor die Tür des Ateliers, schnitt es auf, und wer in den Raum wollte, musste durch den Schlitz. Erweiterung des Kunstbegriffs.

Esst deutsche Äpfel, 1966.

Das Bild muss die Funktion der Kartoffel übernehmen, 1966.

Deutsche Nichtschwimmer ins Wasser, 1966.

In Vietnam war Krieg, Immendorff malte dagegen, seine Dispersionskindchen trug er bei Umzügen mit, er war Maoist, tief gläubig, trug schwarzes Leder und Armbinde, darauf Hammer und Sichel. Laut, eitel und schlagfertig genug, bannte Immendorff aus der Clique, wer rechts abwich, Funktionär Immendorff, er malte Sprüche, kaum noch Bilder, malte eine Petition gegen den Vietnamkrieg. Ein Jahr später, 1967, erfand er, vom Babylallen hergeleitet, sein eigenes Aktionsprogramm *LIDL, LIDL* will nicht protestieren, aber erzieherisch provozieren, er glitt, zusammen mit seiner ersten Frau, in einen Honigtopf und ging dann, Hand in Hand, durch einen Raum, Honigspuren – vom künstlerischen Blickwinkel aus ist es eine ideelle Spur, die den Betrachter ankleben lassen soll. Die Schildkröte war das Wappentier der Bewegung – sie ist geeignet zu beschreiben, dass künstlerische Arbeit das ganze Leben überdauert, dass man im Grunde viel Zeit hat. Immendorff lud sich ein Exemplar auf den Rücken und erschien, ohne eingeladen zu sein, in Kassel an der Dokumenta, 1968, bei der Pressekonferenz, die er hielt, stieg er auf den Tisch und kippte Honig über das Mikrophon.

Herr Immendorff, Ihr Vater war Offizier, Ihre Mutter Sekretärin – was war schlimmer?

Er strich einen hölzernen Klotz in den Farben der Republik, band ihn sich ans Bein und schleifte das Ding, ein akustisches und optisches Instrument wider den Titan der Macht, über die Bannmeile vor dem Bonner Bundeshaus, Fernsehen und Presse waren geladen, Polizisten fuhren vor, Immendorff empfahl sich der Regierung als neuer Verteidigungsminister. Schließlich rief er eine eigene Lehranstalt aus, die LIDL-Akademie, die Professoren der Staatlichen Kunstakademie Düsseldorf erklärte Immendorff für abgesetzt, selbst Beuys, er steckte die LIDL-Fahne aufs Dach des Hauses, so sichtbar, dass der Kultusminister erschrak, Jörg Immendorff wurde von der Schule gewiesen, 1968.

Mein Vater, der Offizier, war ein musischer Mensch, er spielte Schlagzeug und zeichnete Karikaturen, er saß gern in Cafés und machte dort den guten Mann, während meine Mutter zu Hause das zweite Hemd bügelte, ich glaube / nein / meine Eltern waren nicht schlimm.

So gut es geht, stützt Immendorff die Arme auf spitze Knie.

Eva, Eva, komm mal. Geh mal hier unter den Stapel, da muss das Foto meiner Eltern sein, weiter hinten, da, in dem umgekippten Rahmen.

Eine Kinderstimme im Treppenhaus, Immendorff dreht den Kopf.

Worunter, Herr Immendorff, leiden Sie am meisten?

Also, der linke Arm fällt ganz aus, stopp / ich will es nicht wie ein Metzger machen / also, wie viel vom Rind kann noch laufen?, oder was hängt schon am Haken? / Andersrum formuliert / wenn ich die Möglichkeiten / die Möglichkeiten, mit denen ich mich aufgrund meiner Krankheit vertraut machen musste, die hätte ich gerne, ohne die direkten Gebrechen, schon früher gehabt / ja / so / ich spreche nun von der Produktion der vergangenen zwei Jahre, wo ich mich in der Rolle eines Dirigenten sehe, meine Helfer grundieren, sie bereiten Schablonen vor, und ich setze die Noten, ich bin der Composer und der Conductor / ich greife noch direkt zum Pinsel / aber ich bin mehr zerstörerisch, ich arbeite, so komisch das klingt, bildnerisch destruktiv, und das wollte ich verdammt schon immer, aber bewusst ist das verdammt schwer / und mich hat immer gerettet dieses Quentchen zwischen Wollen und Können. Wenn ich den Stalin oder den Mao damals malte, weil der damals und heute nur auszuhalten ist, weil der schielte / oder weil die Zähne falsch gemalt waren / weil irgendwo in mir etwas saß / nein, nein, mein Junge, das willst du doch nicht wirklich, so ein Realist werden / weil die Bilder kippen / wenn Sie sich heute diese Bilder angucken, wie der Ho Chi Minh da durch die Luft fliegt und mit dem Ärmel einen US-Bomber zerfetzt, dann müssen all diese Jungmaler früh aufstehen, wenn die sich um Ironie bemühen.

Was bereuen Sie?

Die Kinderstimme im Treppenhaus, Immendorff horcht.

Es gibt / es gibt / etwas zu bereuen / weil mich das Zeit gekostet hat, die ich anders für anderes gerne genutzt hätte / und zwar in Phasen, wo ich mich selber nicht mehr ob dessen mochte, was ich vermochte / also, was ich arbeitete / sondern wo ich glaubte, die Belohnung / oder ich müsste den Claqueuren / also ich müsste den Erwartungen der Claqueure genügen und nicht primär meinen eigenen Ansprüchen. Und das hat mich auf Umwege gebracht / die also / nicht unbedingt in der künstlerischen Produktion / so mächtig waren die nicht aber / ich wurde mir selber unfair gegenüber / ich habe also mich selber nicht mehr genügend respektiert / also das, was in mir wert war, respektiert zu werden.

Er horcht.

Ida, komm mal hoch, Ida.

Das Kind kommt nicht.

Manchmal, sagt Immendorff, sitzt sie hier an ihrem Tischchen, dann arbeiten wir. Manchmal spielen wir Mutter und Kind, Ida ist die Mutter, ich bin das Kind, dann nimmt sie mich an der Hand und bringt mich in den Kindergarten / ja.

Immendorff schwingt den Arm ins Gesicht, fährt sich über die Stirn, Schnee fällt aufs gläserne Dach.

Wo waren wir?, fragt er.

Aus Brasilien zurück, wandte sich Immendorff an die berühmte Berliner Klinik Charité, er nahm nun Medikamente, die am Menschen kaum versucht worden waren, sie linderten nicht, Immendorff und die Charité riefen das Jörg-Immendorff-Stipendium aus, in der Hoffnung, jemand mache sich endlich daran, ein Mittel gegen ALS zu erforschen, mindestens drei Millionen Euro will Immendorff sammeln, indem er Freunde aufbietet zu einer Gala, Ende Jahr vielleicht, Grass, Bausch, Ferres, Barenboim, Baselitz, Schlingensief und Konsorten. Den Zeitungen richtete er aus: Mit Immendorff als Galionsfigur sorge ich dafür, dass eine bisher unbekannte Krankheit in Deutschland ein Gesicht bekommt.

Eines Tages werden Sie sich entscheiden müssen, ob man Sie beatmen soll.

Ich möchte, sagt er laut und fest, mich beatmen lassen. Ich

will alles ausnutzen, jede Möglichkeit, jede Ressource, ich kann nicht anders denken / als das Optimale auszuschöpfen, anders geht das nicht / dieser Welt gegenüber / dieses Gedankliche / also / die Gedanken peitschen einem ja durchs Gehirn, es gibt ja verschiedene Gedanken mit speziellen Charakteren, es gibt Gedanken mit Widerhaken, Gedanken wie ein schneller Hauch, solche in Zeitlupe / das sind Dinge, die einen auch anspringen, weil / das hört sich dann so an, als läge das alles bei mir, als würde ich das alles beherrschen, aber dem ist nicht so / nein.

Der Akademie entkommen, wurde er Kunsterzieher an der Dumont-Lindemann-Hauptschule in Düsseldorf, antiautoritär, blieb es während zwölf Jahren, man malte Plakate, drehte Filme, übte den kreativen Widerspruch, Tankt Mut – kritisiert die Lehrer!, Nur wenn die Klasse gemeinsam Kritik macht, kommt der Lehrer nicht daran vorbei! Seine Kunst nannte Immendorff Rote Zelle Kunst. Wenn er malte, dann für die Liga gegen den Imperialismus und für die Vietnamhilfe. 1971 traf ihn die Einladung des Kölner Galeristen Michael Werner, in seinen Räumen auszustellen, Immendorff hielt dagegen: Nur wenn meine Schüler auch dürfen. Und so geschah es, der Anlass hieß *Die Arbeit an einer Hauptschule*, Werner und Immendorff wurden Freunde, Werner sprach. Auf deinen Bildern sehe ich sowieso immer nur Kartoffeln und Tomaten, sie gefallen mir.

Siebenundzwanzigjährig, als unterwürfe er sich einem Schauprozess, malte Immendorff *Ich wollte Künstler werden*, 90 x 80 cm, es ist Nacht, der junge Maler Immendorff kauert bei Kerzenschein vor weißem Leinen, man liest die Klage, Ich träumte davon, in der Zeitung zu stehen, von vielen Ausstellungen, und natürlich wollte ich etwas Neues in der Kunst machen. Mein Leitfaden war der Egoismus.

1972, Teilnahme an der Dokumenta 5 zu Kassel.

Wo stehst du mit deiner Kunst, Kollege?, 1973, Acryl auf Leinwand, zweiteilig, 130 x 210 cm, es flattert die Fahne der KPD, Kampf gegen Lohnraub, Arbeitshetze, Teuerung, politische Unterdrückung.

Beuys war Immendorff nun bürgerlich.

1976, Biennale in Venedig.

Immendorff querte die Grenze zum anderen deutschen Staat, Herbst 1976, und traf sich in Dresden mit dem Maler A. R. Penck, Immendorff flammte für Mao und Stalin, Penck, Kind der DDR, für Perry Rhodan, sie begannen, sich ihre Botschaften zu zeichnen, und schlossen ein Aktionsbündnis, schließlich das Manifest *Deutschland mal Deutschland – ein deutsch-deutscher Vertrag*. Immendorff entließ Mao, wurde Grüner, ein Bunter, 1977 kandidierte er bei der Düsseldorfer Gemeindewahl, BrrrD, DDrrr, den schnellen Austritt gab er, als die Partei, aus Angst vor dem guten Ruf, sich weigerte, Beuys auf die Liste zu nehmen. 1978 begann Immendorff, was ihn berühmt machte, einen Zyklus von dreiundvierzig Werken, *Café Deutschland*, in *Café Deutschland I*, 282 x 320 cm, streckt Immendorff seine Rechte durch eine Mauer, die Linke hält den Pinsel szeptergleich, Brecht grinst aus einem Himmel, Schmidt und Honecker, jeder für sich, malen die Fahne ihrer Staaten, in *Café Deutschland II* wehrt Penck, der Freund in der DDR, mit einem Stuhlbein den Bundesadler ab, der in seinen Krallen einen VW Golf trägt.

Jörg Immendorff, schrieb man, sei der wichtigste politische Maler seiner Generation.

Kunstmuseum Basel, 1979.

Kunsthalle Bern, 1980.

Kunsthalle Düsseldorf, 1982.

Kunsthaus Zürich, 1983.

Kunsthalle Hamburg, 1984.

New York, Auckland, Frankfurt/Main, Wien, Paris.

Gastprofessuren in Stockholm, Hamburg, München, Zürich, Trondheim, Köln.

Er ließ kaum eine Party aus, keine Nacht am Boxring, Immendorff, stoppelbärtig, steckte sich wieder in schwarzes Leder, nur enger als einst, belud sich Hals, Ohren, Finger mit goldenem Schmuck, den er teilweise selber entwarf, Affe, Adlerhaupt, Brandenburger Tor, er las Playboy, liebte Frauen, manche Frauen liebten Immendorff, der einen Porsche besaß und einen Mercedes der Klasse S, Jörg, der an verschwiegenen Stellen Tattoos hatte und seine Geburtstage, 14.6., wie Parteitage feierte, der, 1984, gar Pächter einer Kneipe in St. Pauli wurde, La Paloma, die Kapelle am Wegesrand, Joop verkehrte, Domenica, Bürgermeister von Dohnanyi samt Gattin – Immendorffs soziale Skulptur.

Den Schreiberlingen, die er suchte, schrieb er ins Heft: Den Begriff Malerfürst finde ich lächerlich, außerdem diskreditierend, denn wo ein Fürst ist, muss es auch einen Kaiser geben.

Haben Sie, Herr Immendorff, eine Instanz, die Sie in Ihrer Not oder Angst ansprechen, vielleicht beschimpfen oder verfluchen?

Wenn es da, sagt Immendorff und krümmt sich zur Tasse, die vor ihm steht, wenn es da eine Energie gibt, verklausuliert, weil man sie anders gar nicht umschreiben kann, dann wird die nicht so kleinkariert und spießig sein / die dann sagt, Moment mal, du hast das und das Böse getan, ich verweigere dir jetzt meine Unterstützung. Es gibt ja dumme Tode / wo man denkt, was soll der Quatsch? / ja / damit muss man sich trennen, entweder ist es eine über den Verstand reichende phantastische Angelegenheit / dann muss man sich klar sein, dass man klein ist.

Immendorff schweigt, schaut sich um, Gehilfen grundieren, schneiden Schablonen, ein Radio läuft.

Auch mit diesem Konzept von Seele und so / ich habe mir immer vorgestellt, wohin gehen die denn alle?, wo sind denn alle im Paradies?, selbst alle Guten zusammen, das ist ja kaum zu ertragen, Kafka, Sartre, Duchamps, alle in einem großen Riesensaal, und man sagt Hallöchen.

Jetzt lacht Immendorff.

Ich müsste ja immer nur verschämt dem Leonardo da Vinci aus dem Weg gehen / na ja / oder nicht so ganz verschämt / aber irgendwie doch / man fühlte sich ja nicht gerade größer, unbedingt / aber anders / wenn man sich an solche Fragen herantastet / und das ist, glaube ich, der Kern der Frage, worum es geht / dass es sich zu Energie verdichtet / das strömt eben / wir sehen ja, dass hinter der Milchstraße noch andere kommen, und dann wieder andere / oder die Fragestellung, gab es mich schon einmal?, war ich Ritter im Mittelalter? / solche Fragen will ich nicht als lächerlich wegwischen / kann nichts belegen / ich kann das nicht radikal verneinen / irgendwie so / in diese Richtung geht es vielleicht.

Telefon.

Nicht jetzt, Eva!

Und nach dem Tod, was dann?

Als Deutschland wieder ein Land wurde, feierte die Frankfurter Allgemeine Zeitung mit einem Bild von Immendorff, *Café Deutschland*, Bundespräsident von Weizsäcker trat im Fernsehen auf, redete zur Nation vor einem Bild von Immendorff. Immendorff schuf einen zweiten Reigen, *Café de Flor*, nicht mehr Politiker waren sein Stoff, sondern Freunde und tote Maler, Picabia, Beckmann, de Chirico, Dix, Ernst, Baselitz, Lüpertz, Penck, seine Bilder hießen *Nachtmantel*, *Lehmbrucksaga II, 3. Oktober 90, Bild mit Geduld, Aus Tränen werden Adler*, zur Eröffnung seiner Ausstellung in Mexiko strömten sechstausend Menschen, manche Bilder gingen nun für eine halbe Million Mark, und 1996, nach vierzehn Jahren, bot ein deutsches Museum wieder eine Gesamtschau des Immendorffschen Œuvres, Kunstmuseum Wolfsburg – schamlos spät und symptomatisch für die Art und Weise, wie man hierzulande mit einem der originellsten und facettenreichsten Gegenwartsmaler wie mir umgeht.

1996, Professur an der Staatlichen Kunstakademie Düsseldorf.

Wie geht es der Künstlerhand?, 110 x 95 cm.

1997, Entgegennahme des höchstdotierten Kunstpreises der Welt im mexikanischen Monterrey, Premio Marco des Museo de arte contemporáneo.

Dann –

Auf Fuerteventura fiel ihm der Bleistift aus der Hand.

Ich bin / mein Kopf / der Raum in mir ist bereit, selbst Argumente zu diskutieren, die da sagen, ist es nicht alles eine Geburt, die aus der Todesangst heraus sich entwickelt hat? / also dass der Mensch praktisch, um diesem großen Abstrakten, dem Tod, ein Fähnlein entgegenrichten zu können, zu solchen Mitteln greifen musste, um nicht zu verzweifeln, wo er doch gerade das Feuer entdeckt hatte oder das Gesamtambiente nicht gerade kuschelig war. Aber / soll es so gewesen sein, ist die Schaffung einer Außenwelt über die Jahrhunderte so genial gelungen, dass praktisch eine Außenwelt auch realisiert wurde / auch wenn es sie gar nicht gab. Also müsste man der normalen Schöpfungsgeschichte der Welt eine zweite ankoppeln / ja / also dann wäre das

Göttliche / also wäre der Mensch nicht das Abbild von Gott, sondern etwas anderes / aber auch nicht der Mensch nur.

Schritte im Treppenhaus, Immendorff dreht sich zur Tür, eine Frau tritt in den Saal, die Schwiegermutter aus Bulgarien, sie steht und schweigt, Immendorff sagt: Ich esse um sechs.

Gab es je den Gedanken, Ihr Leiden zu kürzen, sich zu töten?

Beantworte ich nicht. Mein Vater tat es. Ich spreche nicht darüber, diese Dinge gehören mir, und zwar nur mir und nicht mal meiner Familie.

Im Sommer 2003 lag Immendorff in einer Suite des Steigenberger Parkhotels, Düsseldorf, zum siebenundzwanzigsten Mal, er schnupfte Kokain, schlechte Ware, die er zu teuer erstanden hatte, neun junge nackte Frauen, bei einer Agentur bestellt, waren mit ihm, Immendorff, fast lahm, lag auf dem breiten Bett, man aß Schnittchen, sah Fernsehen, manche schliefen, die Polizei kam, fand sieben Gramm Verbotenes und 56 000 Euro in Immendorffs Jacke, das Massenblatt schrie, Schlimmste Sex-Orgie des Jahres. Schreiber standen im Hof, Immendorff empfing, ich möchte, sagte er zwölf Tage nach der Tat, ich möchte, dass meine Frau weiß, dass sie meine einzige große Liebe ist, und dass sie weiß, dass ich ihr immer und ewig gehöre, und dass der Schmerz, den ich ihr zugefügt habe, der Grund für meine Scham ist.

Ganz in Schwarz stand er vor dem Landgericht Düsseldorf, August 2004, schwarz und schmal, er habe, sagte Immendorff, aus Lebensgier gehandelt, aus Panik, aus der Hoffnung heraus, die Angst vor dem Tod mit einer Sause zu verdünnen. Das ist so ein Spruch, sprach der Richter, ich möchte sagen, dass jeder lebensgierig ist. Fünf Tage dauerte der Handel, scharf beobachtet von Fernsehen und

Presse, dann entschied das Gericht, Maler Immendorff sei zu bestrafen, indem er elf Monate in einem Gefängnis verbringe, bedingt erlassen auf zwei Jahre, und außerdem sei er dadurch zu büßen, dass er 150 000 Euro gemeinnützigen Vereinen vermache. Einer Kunstzeitschrift brachte er aus: Ich habe schon Beuys zum Material gemacht, wie ich meine Hauptschüler zum Material gemacht habe, wie ich jetzt das Gerichtsverfahren zum Material mache, weil ich alles zum Material mache.

Er steht auf und schwankt.

Schieben Sie bitte den Rollstuhl rüber, ich möchte mich daran halten, muss einige Schritte gehen.

Er trägt leichte schwarze Schuhe, kleine Farbflecken darauf. Langsam, die Schrittchen kurz, stößt Immendorff das Fahrzeug durch sein Reich. Neulich war er in China und legte sich dort einem Chirurgen hin, der ihm den Schädel aufbohrte und zwei Millionen Zellen ins Hirn spritzte, Zellen abgetriebener Menschenföten.

Wo möchten Sie sterben?

Langes Schweigen.

Ich mag / ich kann das nicht sagen, ich kann es nicht. Ich möchte nicht in der Straßenbahn sterben, nicht im Taxi / also versuchen wir mal, das ein bisschen zu klären / also wenn / dann schon / wenn ich wüsste, dass es morgen ist / dann mit der Familie und Freunden / aber ich weiß nicht, ob das gut ist für sie / für mich wäre es leicht / wenn ich dann einschlafe / ich weiß nicht, ob ich der Familie das zumuten kann, und / vielleicht sollten die gar nicht dabei sein, dann hat man mich in Erinnerung, als sei man unterwegs.

Müde fährt er sich übers Gesicht.

Reden wir morgen weiter?

Gerne, sagt er, morgen.

Straße der
Erlösung

Es ist Morgen am Rand der Welt, noch feucht und finster, Domingos Alves da Silva hat schlecht geschlafen wie immer.

Die Frau sagt: Eine Seife habe ich in deine Tasche gepackt.

Gut!, sagt der Mann und schweigt.

Jetzt rennt er zum Taxi vor dem Haus an der Rua Bahia 41, seine schönste Hose am Leib, das neue gelbe Hemd aus Krepp, und schaut nicht zurück.

Zum Bus!, sagt er leise.

Erste Hähne wecken die Stadt Breu Branco im Süden des Bundesstaates Pará, Brasilien, kurz vor sechs, Hunde jagen den Abfall der Nacht.

So früh unterwegs war Domingos Alves da Silva, Mitglied der Gewerkschaft der Landarbeiter, Sindicato dos Trabalhadores Rurais, seit Monaten nicht mehr. Vor sieben geht er nicht aus dem Haus, er versteckt sich darin, bis es hell wird, Domingos' Tod ist 12 000 Reais wert, 4000 Euro.

Dominguinhos, abandone o acampamento, rufen sie ihn an, gib das Lager auf, verlass den Boden, der uns gehört, mit all den verdammten Leuten, sonst frisst du bald Erde wie dein Freund Chico.

Im Busbahnhof tanzt ein Verrückter, beladen mit silbernem Tand und breitem Hut. Breu Branco, schreit er, sei die edelste Stadt von ganz Amazonien, von Brasilien überhaupt, schönste Perle dieser Welt. Er zwängt sich neben Domingos auf die hölzerne Bank, Bier in der Hand, und will reden, Domingos dreht sich weg und flieht, vorbei an lärmenden Händlern – Haarspangen, Uhren, Hüte, Taschenrechner –, es riecht nach faulen Bananen.

Vergangene Woche erst, auf seiner Honda unterwegs, Kennzeichen JUB 5812, überholte ihn einer, a mão de ferro, die Eisenhand, ein Schläger und Mörder im Dienst der Fazendeiros, der Großgrundbesitzer, er sah Domingos in die Augen und sprach sehr freundlich den Satz: Verzeih, Dominguinhos, noch hatte ich keine Zeit, dich abzuknallen. Aber mach dir keine Sorgen.

Sie kreisen mich ein, eng und enger, sagte Domingos zur Frau, die mit ihm lebt seit zwei Jahren. Seine erste, die ihm sechs Kinder gebar, blieb ein Vierteljahrhundert, dann hielt sie die Angst nicht länger aus und ging.

Er steigt in den Bus, der vom Stausee kommt, und findet keinen Platz. Menschen schlafen unter weiten roten Decken, verkrümmt und offenmundig, es ist halb sieben Uhr am 4. August 2009, Domingos' fünfundfünfzigster Geburtstag, er stellt die schmale Tasche zwischen die Füße, bleibt stehen im Gang und wartet, bis die Reise beginnt.

Die bin ich ihm schuldig, denkt er.

In manchen Nächten liegt Chico vor ihm, tot und lebendig zugleich, und zeigt auf sein Loch in der Stirn, Manoel Francisco Silva Souza, geboren am 13. Oktober 1972, Goldzahn genannt, weil er einen Goldzahn hatte, groß und leuchtend, Chico Dente de Ouro. Am Abend, bevor sie kamen mit Gewehren und Benzin – am 1. Februar 2009 morgens um sechs – hatte Chico geweint: Eines Tages werde ich sterben für dieses bisschen Land – doch zuvor hole ich meine Mutter hierher, damit sie sieht, wie gut es mir geht.

Seine Mutter, weinte er, lebe in Pedreiras, drüben in Maranhão, fünfhundert Kilometer entfernt, wahrscheinlich noch mehr.

Als meine Mutter, erzählte Domingos seinem Freund zum Trost, als meine Mutter sah, dass sie nicht mehr lange leben würde, rief sie nach mir und sagte: Dominguinhos, mein Kleinster, nur diesen Wunsch habe ich noch. Brich mit deiner Gewerkschaft! Die Großen sind zu groß für dich, und irgendwann machen sie dich tot. Versprich mir, dass du aufhörst mit deiner Gewerkschaft! Ich saß am Bett meiner sterbenden Mutter und sagte: Jeden Wunsch erfülle ich dir, nur diesen einen nicht, weil ich nicht kann.

Der Bus hält ostwärts über müden Asphalt, die PA263, Schlagloch auf Schlagloch, aus Lautsprechern schallen fromme Lieder, o gib mir Kraft, Senhor, damit ich verstehe, wo mein Platz ist, nimm mein Herz und behüte mich in dieser grausamen Welt, damit ich nicht abkomme vom rechten Weg.

Domingos, die gebügelte Hose am Bein, die feinen schwarzen Schuhe, steht und schweigt im Bus nach Pedreiras, Maranhão, es ist längst hell.

Am 10. Dezember 2008, gebilligt vom Nationalen Institut für Kolonisierung und Agrarreform, Instituto Nacional de Colonização e Reforma Agrária, Incra, führte Domingos Alves da Silva vier Dutzend Landarbeiter und ihre Familien, alle ohne Haus und Boden, auf ein weites Stück Land, achtunddreißig Kilometer hinter Breu Branco, das zwei Großgrundbesitzer, obwohl vom Staat dafür entschädigt, weiterhin ihr Eigentum nennen. Die Landlosen bauten Hütten aus schwarzem Plastik, beluden sie, um Wind und Hitze zu trotzen, mit Palmblättern und teilten das Land, wie der Staat Brasilien es vorsieht, in Parzellen zu fünfzig Hektar auf, nannten den Ort nach der heiligen Jungfrau des Ewigen Beistandes, Perpetuo Socorro. Domingos blieb weiterhin in Breu Branco in seinem hölzernen Verschlag, Rua São João 92, wo eines Abends ein junger Mann stand, am Zaun rüttelte und rief, er komme von weit her und habe gehört, hier in der Nähe erhalte, wer keins habe, ein Stück Boden, er heiße Manoel Francisco Silva Souza, lieber höre er auf den Namen Chico Dente de Ouro.

Goldgräber?, fragte Domingos, der selten lacht.

Wie man sehe, sagte Chico, doch statt Huren oder Kettchen habe er einen ewigen Zahn gekauft.

Ausweise?, fragte Domingos.

Wählerausweis Nummer 0286 2169 1171, Steuerausweis Nummer 001 099 463-75.

Jetzt ist es kurz nach neun am 4. August 2009, der Bus der Gesellschaft Boa Esperança, Frohe Hoffnung, hält in Jacundá, wenige Häuser und roter Staub, Lastwagen stehen an der Straße, überladen mit Holz oder Kohle, Domingos kauft eine Flasche Wasser zu fünfzig Centavos und trinkt sie leer in einem Zug. Dann spricht er wenige Sätze in sein Telefon und stellt sich in die Kneipe, wartet und schaut zum Fernseher hoch, Reklame für Präservative, die Predigt eines Bischofs, Lottozahlen. Endlich fährt ein Auto vor, ein junger Mann darin, Domingos öffnet die Tür.

Dein Vater schickt dich?, fragt er.

Du bist Dominguinhos?, fragt der Junge.

Sie fahren ans Ende des Dorfes, queren Pfützen aus Pisse und Dreck und halten vor einer rosa Hütte, ein Billardtisch davor, zwei Hunde, ein Stapel Stühle aus rotem Plastik. Das Haar gefärbt, den Mund fast zahnlos, tritt ein alter Mann aus dem Haus, er lacht sehr laut und reicht Domingos die Hand, setzt sich dann auf den Stapel roter Stühle.

Er sei, sagt Domingos, unterwegs zu Chicos Mutter.

Und was willst du von mir?, fragt der Alte.

Dass du mir noch einmal erzählst, wie Chico starb.

Um sechs Uhr am Morgen, 1. Februar 2009, ein Sonntag sei es gewesen, habe plötzlich ein Lärm begonnen, sieben Männer, Auftragsmörder, jeder mit einem Gewehr, hätten die Landlosen aus ihren Zelten getrieben und ihnen befohlen, sich auf die Erde zu legen. Sie seien geschickt von Gildásio Alberto Timo Pena, einem der Großgrundherren, um hier aufzuräumen ein für alle Mal. Dann, Dominguinhos ... Dann fragten sie nach mir!, sagt Domingos.

Aber du warst nicht da. Dann fragten sie: Wer ist sein Stellvertreter? Jemand zeigte auf Chico Dente de Ouro. Der Schuss traf ihn in die Stirn. Dann fragten sie, wer Chicos Stellvertreter sei. Ich sagte: Ich bin es! Einer, die Eisenhand, a mão de ferro, hielt mir sein Gewehr vor den Bauch und drückte ab. Aber der Schuss ging nicht los. Dann schlug er mit dem Gewehr auf mich ein, ich bin jetzt einundsechzig und habe keine Kraft mehr, sie schlugen und fesselten mich. Sie gossen Benzin über unsere Zelte und brannten sie ab. Und dann schrie einer: Verschwindet, ihr Trottel, und nehmt den da mit. Wir legten Chico in eine Matte, er lebte noch und röchelte. Schließlich trieben sie uns über den Fluss und verschwanden. Wir luden Chico auf einen Laster, jemand löste meine Fesseln, und ich setzte mich ans Steuer, dann fuhren wir los und brachten ihn ins Krankenhaus von Breu Branco – so war es.

Sie schweigen, zehn Uhr, es ist heiß an der PA150, kein Schatten hier.

Eigentlich suchten die mich, sagt Domingos Alves da Silva.

Eigentlich wollten sie dich, nickt der Alte.

Der weiße Bus der São Geraldo fährt um zehn vor elf, vorbei an laublosen verkohlten Bäumen, an Strommasten und roter wunder Erde, Fazenda km 92, Fazenda Espírito Santo, Comercial Bin Laden, Domingos, die Arme verschränkt, sitzt am Fenster und schließt die Augen.

Meine dritte Frau, fängt einer an, so laut, dass alle ihn hören, meine dritte war meine beste, und ich verlor sie nur, weil ich von der ersten nicht ließ, die erste, Gott ist mein Zeuge, verfolgte mich bis ins Bett.

Jemand kichert, Domingos dreht sich weg, Fazenda Canada 3, Comunidade Cristo Vive, Sitio Novo Paraíso, er öffnet die Tasche und blättert in einem schmalen Buch, Conflitos no Campo Brasil 2008, Landkonflikte in Brasilien 2008, eine Statistik der Commissão Pastoral da Terra, CPT, Kommission für Landseelsorge.

1934 zerstörte Häuser, 478 davon allein in Pará.

1841 vertriebene Familien, 740 davon in Pará.

1048 zerstörte Äcker, 241 davon in Pará.

90 Morddrohungen, 35 in Pará.

44 Mordversuche, 8 in Pará.

28 Morde, 13 in Pará.

Als steckte Brasilien noch in kolonialer Zeit, verfügen drei Prozent seiner Bauern über fast zwei Drittel des bebaubaren Landes. Neunzig Prozent dagegen teilen sich ein Fünftel der nutzbaren Fläche. Die Umverteilung ist seit fünfundvierzig Jahren Absicht, festgeschrieben in der Verfassung der Bundesrepublik Brasilien. Doch umgesetzt wurde das Vorhaben bis heute kaum: Die Großgrundbesitzer verteidigen ihr Land gegen das Heer Landloser mit Geld und Gesetz, sie spielen, sobald die Enteignung droht, jedes Rechtsmittel aus, wieder und wieder, sie bestechen Richter und Beamte, auf dass sie die Gerechtigkeit verzögern, und nützt auch dies nicht, stellen sie für wenig Geld Verbrecher an –

manchmal schießt auch die Polizei. Berühmt wurde das Massaker von Eldorado de Carajas, 17. April 1996, neunzehn Menschen, Teilnehmer des Marsches für eine Landreform, starben unter den Kugeln des vierten Bataillons der Militärpolizei von Marabá, einundachtzig wurden verletzt, die Verantwortlichen nie bestraft.

Vorbei an brennenden Wiesen und Wäldern, Domingos Alves da Silva, auf der Suche nach der Mutter seines Freundes Manoel Francisco Silva Souza, den alle Goldzahn riefen, schläft im Bus Nummer 4347, ar condicionado.

Kurz vor neun Uhr am 1. Februar 2009 rief die Polizei an und bestellte ihn, Coordenador do Acampamento Perpetuo Socorro, auf den Posten, das Lager sei überfallen, ein Mann erschossen worden. Domingos nahm alle Akten mit, die er besaß, die Liste der Landarbeiter, ihre Namen und Nummern, und als er dort eintraf, befahl ihm ein Beamter, am nächsten Tag wiederzukommen, man habe jetzt keine Zeit für ihn. Begleitet von seiner Frau, fuhr Domingos zum Krankenhaus, stumm stand er an einer Bahre, darauf Chico Dente de Ouro, in seiner Stirn ein Loch.

Ein Gott, sagte er zur Frau, der das zulässt, ist kein Gott.

Schweig, sagte die Frau.

Das Gesetz in diesem Land schützt die, die keinen Schutz brauchen, sagte er.

Nicht jetzt, sagte die Frau.

Ich kann nicht weinen, dachte Domingos.

Er ging zurück zur Polizei und traf dort den Alten, verprügelt und krumm – und ein Mann trat aus dem Zimmer des Polizeichefs, a mão de ferro, die Eisenhand. Der da, schrie der Alte, der war heute Morgen dabei, der wollte mich erschießen.

Der Täter grinste und ging.

Manoel Francisco Silva Souza, siebunddreißig Jahre alt geworden, Chico Dente de Ouro, Tagelöhner, Holzfäller, Goldgräber, Landarbeiter, kam noch am gleichen Tag in ein Grab auf dem Friedhof von Breu Branco, namenlos und ohne Kreuz.

Vorbei an Eukalyptus, Baum nach Baum, jeder gleich hoch, gleich dick, kilometerweit, Fazenda Bom Jesus, Fazenda Deus é Fiel, Gott ist dein Treuhänder, die Klimaanlage fällt aus, die Toilette stinkt, eine Frau betet den Rosenkranz.

Kurz nach 17 Uhr erreicht der Bus Dom Eliseu und hält vor dem Restaurante Boa Amizade, Gute Freundschaft, papierene Schnitzel hängen am Vordach, herausgeschnitten aus Werbeblättern – Waschmaschinen, Bügelbretter, Unterwäsche, Lockenwickler, Lockenglätter, CD, DVD, LED, MP3, MP4. Domingos kauft einen Becher Kaffee, ein Stück Käse, noch eine Stunde bis Açailândia, Maranhão.

Die BR010, neuer Asphalt.

Der Himmel ist rot.

Die Nacht im Hotel Gil, Rua Bom Jesus 346, kostet fünfzehn Reais, fünf Euro, ohne Klimaanlage und Toilettenpapier. Domingos, noch nicht müde, setzt sich an den Rand einer Kneipe, der Fernseher läuft, Domingos Alves da Silva legt sein Telefon auf den Tisch aus rotem Plastik und schweigt.

Eines Tages nach Chicos Tod rief wieder der Polizeichef an: Dominguinhos, ich weiß, du wirst bedroht, ich kann dir helfen.

Wie denn?

Komm zu mir, sagte der Polizist, ich kann dir helfen.

Domingos fuhr zum Posten, der Polizeichef öffnete die Schublade, nahm daraus eine Pistole.

Du brauchst eine Waffe, ich schenk sie dir, zwar ist sie nicht neu, erfüllt aber ihren Zweck.

Nehme ich die Pistole, sagte Domingos und stand auf, lässt du mich morgen verhaften. Wegen illegalen Waffenbesitzes. Nun schlief er im Haus von Freunden, hier und dort, er wechselte die Nummer seines Telefons, Dominguinhos, ich bekomme zwölftausend Reais, um dich abzuknallen, dich und alle anderen, dein ganzes Gesindel.

Kein Motorradtaxifahrer nahm ihn noch mit, aus Angst, die Kugel, die Domingos gilt, könnte ihn treffen. An manchen Morgen, wo er auch war, fand Domingos die Spuren fremder Stiefel im Hof. Stand der Eimer während Jahren neben dem Brunnen, hing er nun am Ast des Baums.

Ich gebe auf, sagte er zur Frau.

Nicht jetzt, sagte sie.

Am 15. März 2009 führte Domingos Alves da Silva die Landarbeiter, die den Mut dazu noch hatten, auf die Fazenda des Großgrundbesitzers Gildásio Alberto Timo Pena zurück und nahm Besitz von dessen Haus, einem leeren schmutzigen Gebäude, um dort zu warten, bis endlich die Behörde käme und die Parzellen festschriebe, die ihnen längst versprochen sind, fünfzig Hektar für jeden. Eines Abends ritt Domingos in den Wald, wo Chico starb, sechs Kilometer weit, und fand, von seinen Mördern in die Erde gesteckt, ein Kreuz, beschmiert mit roter Farbe und den Worten Chico Dente de Ouro.

Das bedeutete: Weiteres Blut wird fließen.

Jetzt schnarrt das Telefon auf dem Tisch aus rotem Plastik, 21 Uhr 10, Açailândia, und Domingos, der selten lacht, lächelt heiter. Seine Frau nennt er Tochter, mein Mädchen, meine Kleine, sie wünscht ihm zum Geburtstag alles Glück der Erde, mit ihm, sagt sie, möchte sie alt werden, und er flüstert: Ich bin es ja längst.

Es gehe ihm gut, sagt er, alles in Ordnung.

Dominguinhos, man redet hier, die Pistoleros hätten einen neuen Überfall vor, heute Nacht oder morgen.

Wer sagt das?, fragt Domingos.

Alle, sagt die Frau.

Dann komme ich zurück.

Nein!, sagt sie, es ist nur ein Gerücht.

Domingos trinkt Bier, er schweigt, den Kopf in die Hand gestützt, die Nacht ist heiß und feucht, irgendwann rufen die Töchter an, eine nach der andern, und wünschen ein langes Leben, Eudis, Oneide, Francineide, Maria, Huelcia. Davi, der einzige Sohn, starb mit siebzehn an Gelbsucht und Malaria – kein Geld für den Arzt.

Domingos schläft schlecht wie immer.

Im Busbahnhof von Açailândia stehen fünf Busse mit laufenden Motoren, es ist früher Morgen, 5. August 2009, der Fernseher lärmt. Auf allen Vieren rennt ein Bettler durch die Halle. Dieser Terminal, steht groß geschrieben, erscheint während vierundzwanzig Stunden im Internet.

Domingos nimmt den Bus nach Peritoró, 7 Uhr 10, die Maschine heult und bebt. Der Chauffeur öffnet endlich die Tür, er lacht und sagt: Problema! Dann verschwindet er und kommt nach zwanzig Minuten wieder. Der Ersatzbus aus Imperatriz folge in anderthalb Stunden, Entschuldigung.

Er folgt in drei Stunden und hält nach Nordosten, vorbei an Sägereien, Schmelzöfen, Strommasten, dann nach Südosten, ein totes Rind liegt am Rand der Welt, Geier darauf, Domingos, seine Tasche auf dem Schoß, schläft.

Vorbei an Eukalyptus, Sumpf und Steppe, Regen setzt ein.

In Peritoró, es ist längst finster, fragt Domingos nach dem Bus nach Pedreiras. In fünf Minuten, sagt jemand. Domingos erwischt den letzten freien Sitz, 20 Uhr 10. Der Chauffeur hält auf einen Hund zu, der, vom Licht geblendet, mitten auf der Straße steht, die MA122, eine Frau schreit auf.

Die Nacht in Pedreiras kostet vierzig Reais, fensterlos und kühl, Hotel Basílio, Bauruine und Herberge. Am Hauptplatz der Stadt, in der Domingos Alves da Silva die Mutter seines Freundes Chico vermutet, setzt er sich an einen Tisch und bestellt Reis und Fleisch, Kinder lärmen, das Telefon schnarrt.

Sei unbesorgt, sagt die Frau.

Im März ging sie zur Bank von Breu Branco und bat um Geld, damit ein Haus zu bauen aus Stein und Putz. Domingos' Schwiegersöhne stellten schnell die wenigen Mauern, sie luden welliges Eternit aufs Gebälk, versahen die Tür mit zwei Schlössern, Rua Bahia 41.

Seit einem Monat leben Domingos Alves da Silva und seine Frau nun dort, Stadtteil Novo Horizonte, geschützt von Wänden, durch die keine Kugel dringt.

Ruf an, sagt er, wenn ich etwas wissen muss.

Mücken im Hotel Basílio, Domingos, fünfhundert Kilometer hinter der Heimat, schläft nicht. Er öffnet seine schmale Tasche und liest Akten, Manoel Francisco Silva Souza, genannt Chico Dente de Ouro, geboren am 13.10.1972, ermordet am 1.2.2009, Wählerausweis 0286 2169 1171, Steuerausweis 0099 463-75.

Die Mutter in Pedreiras, wahrscheinlich.

Mehr ist nicht bekannt.

Einmal fragte Domingos seinen Freund: Warum hast du mit deinem Gold keine Kettensäge gekauft?

Kettensägen, sagte Chico, werden gestohlen.

Im Frühstücksraum hängt ein Bild, Öl auf Holz, fünf weiße Häuschen an einem schönen blauen Fluss, ein Dreimaster darauf.

Domingos fragt den Wirt: Wo ist hier das Sozialamt?

6. August 2009, halb neun Uhr am Morgen, Domingos Alves da Silva, ein frisches Hemd am Leib, geht die Avenida Rio Branco hinauf und schaut nicht zurück. An einer Tankstelle fragt er: Wo ist das Sozialamt?, er fragt in einem Zementgeschäft, in einer Bäckerei.

An einer hohen spitzen Säule, am Anfang der Avenida Mariano Lisboa, steht geschrieben: Hier, die Wiege unserer Söhne pflanzend und die Gräber unserer Eltern ehrend, kämpfen wir unseren Kampf für eine bessere Welt, in der nichts als Glückseligkeit herrscht, geboren aus Fortschritt, Friede, Liebe, Freiheit und Gerechtigkeit.

Im Sozialamt der Stadt Pedreiras, Mariano Lisboa 1188, sitzen drei junge Frauen an einem Tisch und schwatzen. Domingos stellt sich vor sie, die Hände, als wollte er beten, verschränkt, er sagt: Ich hatte einen Freund, Manoel Francisco Silva Souza, genannt Chico Dente de Ouro, nun suche ich seine Mutter.

Sie bieten Domingos einen Stuhl an, Domingos setzt sich unter das Bild der Muttergottes und schweigt und liest die Sprüche an der Wand, Transmita confiança, Use palavras positivas, Rompa os limites, Schaff Vertrauen, Rede positiv, Überwinde Grenzen. Endlich führt ihn jemand ins Nebenzimmer, fensterlos, Neon leuchtet, eine junge Frau sitzt an einem Pult, darauf eine Blume aus Plastik.

Ich hatte einen Freund, Manoel Francisco Silva Souza, genannt Chico Dente de Ouro, nun suche ich seine Mutter.

Ganz einfach, sagt die Frau und schreibt Chicos Namen auf. Wenn seine Eltern den gleichen Namen haben wir Ihr Freund, finden wir die schnell. Falls sie wirklich hier leben. Und eingetragen sind. Kommen Sie in einer Stunde wieder.

Domingos wartet neben der hohen spitzen Säule am Ende

der Straße: An alle jene, die mit ihrer ehrenwerten und ständigen Arbeit zur Größe dieses Landes beitrugen, es begossen mit dem Schweiße ihres Angesichts, es formten mit der Hitze ihrer Hände und betraten mit den Sandalen der Pioniere, auf dass sie ruhen im Ruhm der erfüllten Pflicht und im ewigen Traum der müden Krieger.

Domingos ruft seine Frau an: Alles in Ordnung zu Hause?

Gestern Nacht sei einer erschossen worden, kein Landarbeiter, sagt sie, ein Säufer.

Leider, sagt die junge Frau im Zimmer ohne Fenster, ist hier niemand verzeichnet, der den Namen Ihres Freundes hat. Waren Sie schon bei der Polizei? Rua Messias Filho am Ende der Stadt.

Danke, sagt Domingos und versucht zu lächeln.

Halb zwölf, 4 A Delegacia Regional de Polícia Civil, in der Ecke stehen zwei Fahnen, die brasilianische und jene des Staates Maranhão, auf dem Kühlschrank liegt die kugelsichere Weste, auf dem Tisch sind eine Pistole und zwei Patronen, der Polizeichef, grünes Leibchen, tippt Chicos Namen in den Computer.

Aha, sagt er, letztmals erfasst vor vier Jahren in Dom Eliseu, Pará, seine Mutter heißt Maria da Nazaré de Souza. Mehr steht da nicht.

Danke, sagt Domingos und schreibt den Namen auf ein kleines Stück Papier.

Die Wahlbehörde, sagt der Polizeichef, Rua das Laranjeiras 1477, Stadtteil Goiabal.

Das Taxi kostet zehn Reais.

Kein Problem, sagt der Mann von der Wahlbehörde, Cartório da 9° Zona Eleitoral, aber dazu brauchen wir die Erlaubnis des Richters, kein Problem.

Der Beamte schaut zur Uhr, 12 Uhr 25.

Aber der Richter kommt erst morgen wieder.

Es ist heiß an der Avenida Rio Branco von Pedreiras, kein Schatten hier, Domingos Alves da Silva setzt sich in die Panificadora Amazonas unter den Ventilator. Ein Fernseher lärmt, die Stimmen derer, die den Rücktritt von Senatspräsident José Sarney verlangten, würden immer lauter, nachdem dieser, wie seit Wochen bekannt, in seinem Büro ein Dutzend Enkel und Schwiegersöhne beschäftige, einer so unfähig wie der andere. Doch ausgerechnet Staatspräsident Luiz Inácio Lula da Silva, der, damals noch Gewerkschafter und Anwalt der Armen, diesen Großgrundbesitzer Sarney einst den größten Dieb des Landes genannt habe, ausgerechnet dieser Staatspräsident verbreche nun den Satz: Senhor José Sarney hat genug Geschichte gemacht in Brasilien, um nicht wie ein gewöhnlicher Bürger behandelt zu werden.

Plötzlich packt ein Mann, kurze Hose, weiter Bauch, die Kellnerin am Arm und schüttelt sie und schreit: Stell diesen elenden Sender ab, nichts als Lügen, stell ihn ab.

Und Domingos, der selten lacht, lacht jetzt laut.

Die Sekretärin der Pfarrei São Benedito bedauert, im Taufregister stünden nur die Vornamen der Getauften, nicht aber deren Familiennamen und schon gar keine Adressen, 13 Uhr 55.

Können Sie es nicht trotzdem versuchen?, fragt Domingos.

Was soll ich versuchen?, fragt die Frau und verzieht das Gesicht.

Ob Sie im Register eine Maria da Nazaré da Souza finden.

Maria da Nazaré heißt in Pedreiras jede Vierte, sagt die Frau.

Und Souza heißt hier jeder Dritte.

Sie öffnet einen Schrank, darin hohe gelbe Bücher, gefüllt mit blauer Tinte.

Wenn jemand Ihnen helfen kann, dann vielleicht ein Notar. Das Notariat an der Avenida Rio Branco 425, Cartório 1° ofício, verweist auf das Notariat an der Rio Branco 564, Cartório 2° ofício.

Kann schon sein, dass wir die Adresse dieser Frau fänden, sagt ein junger Mann, eine Wand Bücher vor sich, aber das dauert einen Monat.

Danke, sagt Domingos Alves da Silva.

Ratlos steht er an der Hauptstraße der Stadt, geht einige Schritte nach links, nach rechts, flieht schließlich ins Hotel, das Hemd klebt.

Beim Radio waren Sie schon?, fragt der Wirt.

Domingos möchte schlafen, er kann nicht, der Fernseher bewirbt Särge, das billigste Modell für hundertneunundneunzig Reais.

Immerhin habe ich nun den Namen von Chicos Mutter, sagt Domingos am Telefon.

Hier ist alles ruhig, sagt seine Frau.

Freitag, 8. August 2009, halb neun Uhr, Domingos Alves da Silva steht im Vorraum von FM Cidade 101,5 Mhz an der Avenida Rio Branco 535 und spricht: Ich hatte einen Freund.

Kein Problem!, sagt ein Mann und führt Domingos ins Studio, kühl und dämmerig, Schaumstoff an der Wand. Vor dem Mikrophon sitzt eine blonde Frau, sie legt den Kopfhörer ab, hört zu.

Aber verraten Sie nicht, dass er tot ist, bittet Domingos.

Die Blonde nickt und schreibt und schaut zur Uhr.

Dann, neun Uhr, liest sie laut: Ein Mann namens Domingos Alves da Silva, hergekommen aus Breu Branco, Pará, Mitglied der Gewerkschaft der Landarbeiter, sucht die Verwandten eines gewissen Manoel Francisco Silva Souza, genannt Chico Dente de Ouro, dessen Mutter angeblich in

Pedreiras lebt und Maria Nazaré de Souza heißt. Angesprochene melden sich bitte heute Nachmittag ab sechzehn Uhr im Hotel Basílio an der Rua Manoel Trindade 120, Telefon 3642 2759.

Mehr können wir nicht tun, sagt die Blonde.

Jetzt trottet Domingos durch die Stadt, die Hauptstraße hinab, vorbei am Sattler, am Bootsbauer. Im braunen Wasser des Rio Mearim treiben zwei Körper, ein Mann, eine Frau, und bewegen sich nicht.

Leichen!, schreit jemand, und die Brücke über den Fluss verstopft mit Menschen, Domingos schaut nicht hin. Er fragt: Wo ist hier das Büro der Landarbeiter?

Wenn diese Maria da Nazaré de Souza unser Mitglied ist, sagt der dicke Sekretär an der Nova rua 536, dann finden wir die sofort.

Er drückt sich hinter einen Schalter, am Arm eine breite goldene Uhr, und blättert durch Stapel von alten Karten, gelbe, weiße, grüne, zehn Minuten lang, zwanzig.

Domingos sagt: Er war vielleicht mein bester Freund.

Und dich?, fragt der Dicke, dich bedrohen sie nicht?

Seit zwanzig Jahren bedrohen sie mich, am Anfang schlichen sie nur um Haus und Hof, versteckten sich, um mich zu erschrecken. Dann brachen sie den Hühnern die Beine und hofften, ich verschwände.

Dann schweigen sie, der Dicke blättert, Domingos schaut zu, dreißig Minuten lang, vierzig.

Nichts zu machen, sagt der Dicke.

Ja, sagt Domingos.

Die Straße runter, dann rauf, vielleicht eine Viertelstunde weit, dort ist das Lokalfernsehen, sagt der Sekretär.

11 Uhr 15, Hitze und Staub am Rand von Pedreiras, Maranhão, kein Wind, kaum Schatten.

Wie?, fragt der Reporter von TV Rio Vale und setzt sich breit neben Domingos Alves da Silva, Rua da Salvação 621, Straße der Erlösung.

Was wie?

Wie haben sie ihn ermordet?

Kopfschuss, sagt Domingos.

Es gibt Schlimmeres, sagt der Reporter und lacht und stellt sich vor die Kulisse, darauf die Pfarrkirche São Benedito, die Brücke über den Fluss, ein bisschen Wald, ein bisschen Himmel.

Dann ist es zwölf Uhr, Zeit fürs Neuste, die Kamera läuft, der Reporter beginnt zu fuchteln und zu lärmen, im Rio Mearim, schreit er und fuchtelt, seien vor einer Stunde zwei Körper getrieben, bewegungslos, vielleicht tot, ein Enkel im Stadtteil Centro habe seinen Großvater gewürgt, der Baumarkt an der Rua Eurico Ribeiro 427 verkaufe heute und morgen schönste Kacheln mit zwanzig Prozent Rabatt, sensationell, und dieser Hund hier – der Reporter streckt ein Foto in die Kamera – werde seit vorgestern vermisst, bitte melden!

Und außerdem sitzt ein Gast bei mir, sagt der Reporter, ein Mann von sehr weit weg.

Er gibt Domingos ein Zeichen, Domingos tritt zu ihm, er zittert.

Bitte!, sagt der Reporter.

Mein Name ist Domingos Alves da Silva, ich stamme aus Breu Branco in Pará …

Und weshalb sind Sie hier?

Ich hatte einen Freund, Manoel Francisco Silva Souza, genannt Chico Dente de Ouro, nun suche ich seine Mutter.

Weshalb?

Ich muss mit ihr reden.

Weshalb?

Das möchte ich ihr selbst sagen.

Hat sie einen Namen?

Maria da Nazaré de Souza.

Haben Sie gehört, Maria da Nazaré de Souza? Rufen Sie uns an oder kommen Sie vorbei an die Straße der Erlösung, Nummer 621! Dieser Mann hat Ihnen etwas zu sagen!

Dann Werbung für Teller und Tassen, für Farben und Tapeten, Vorhänge, Zahnspangen – aber hallo, schreit plötzlich der Reporter, wir haben jemanden am Apparat, wer ist dran?

Ich, sagt eine hohe dünne Stimme.

Wer ich?

Die Mutter von Manoel.

Sie sind Maria da Nazaré de Souza?

Ja.

Sensationell! Kommen Sie her! Rua da Salvação 621.

Ja, sagt die Mutter.

Domingos Alves da Silva setzt sich auf einen Stuhl aus falschem gelbem Leder und wartet, die Hand vor dem Mund, und schweigt.

Zahnspangen, schreit der Reporter in die Kamera, machen Sie schöner als Gisele Bündchen.

Am Rand der Stadt Pedreiras hält ein Motorradtaxi, eine Frau steigt vom Sozius, klein und zahnlos, hellgrüner Rock, dunkelgrünes Leibchen, darauf eine Muschel, ein Seepferdchen, ihre Augen sind groß und starr, die Haare ein Knoten.

Kommen Sie, kommen Sie!, sagt jemand.

Dann stehen sie vor der Kamera, Domingos und Maria da Nazaré, sie sagt, sie sei eben ins Haus der Nachbarin getreten, als der Fernseher ihren Namen sprach, was für ein Glück, dass sie ausgerechnet dann ins Haus der Nachbarin trat, als der Fernseher ihren Namen sprach, seit vier Jahren sei ihr Sohn verschwunden, seit vier Jahren, und eigentlich wolle sie nicht glauben, was neulich jemand meinte, sie wolle nicht glauben, dass er tot sei, nein, aber wäre er tot, sagt die Frau, dann möchte sie wissen, weshalb und wie, alles möchte sie wissen, falls er tot sei, Gott gäbe ihr die Kraft, die Wahrheit zu ertragen, denn er sei kein schlechter Mensch, ihr Manoel, er habe nie angerufen, nie geschrieben, nie in all den Jahren, sie könne nicht glauben, dass er tot sei.

Werbung.

Es ist Freitag, 7. August 2009, 12 Uhr 43, Domingos und Maria da Nazaré stehen im schmalen Schatten einer Mauer, Straße der Erlösung, es ist heiß in Maranhão, einem der ärmsten Staaten Brasiliens, Domingos dreht sich zur Frau und sagt: Es ist wahr.

Ja, sagt die Frau.

Sie blickt zur Erde, zum Himmel, dann bittet sie leise: Erzähl.

Und am Schluss, sagt Domingos, als Chico am Boden lag, öffneten sie seinen Mund und brachen daraus den goldenen Zahn.

Ja, sagt Maria da Nazaré.

Domingos Alves da Silva, fünfundfünfzig Jahre alt und drei Tage, steht im Schatten der Mauer und weiß nicht wohin mit seinen Tränen.

Der Tunnel der Erkenntnis

Am Anfang war das Quark?

Falsch!

Dr. rer. nat. Rolf Landua, helle Hose, kurzes schwarzes Hemd, übt sich in Geduld: Am Anfang war Energie!

Aha, sagt der Besucher Nummer 219 339. Welche Energie?

Das wissen wir nicht, sagt Herr Landua, am besten nennen Sie es Strahlung.

Und dann?

Wurde sie instabil.

Sie wurde instabil. Weshalb?

Aus Zufall, sagt Herr Landua leise, wir wissen es nicht.

Herr Landua, begabt mit hohem Verständnis für simple Seelen, nickt aus schwarzem Kunstleder, so heftig, dass der Stuhl zu schaukeln beginnt.

Wir sind aus Zufall, sagt er und legt die Hände ins Genick.

Kein Gott, der den Urknall zündete?

Herr Landua hebt die Schultern.

Es ist hell und warm im Büro R-008, Gebäude 3, des Conseil Européen de la Recherche Nucléaire Cern zu Meyrin bei Genf, eine schmale graue Zelle, zur Hälfte in die Erde versenkt, Neon leuchtet, auf dem Sims steht ein Gießkännchen aus glänzendem Metall, ein Däumling daneben, Filz und Pelz, das Frisürchen weiß und strubbelig, Albert Pumuckl Einstein.

Ist Gott, so es ihn gibt, Mathematiker?

Herr Landua, von Undenkbarem entflammt, seit er denken kann, schaut in die Bücherwand, schaut durch sie hindurch, schweigt und denkt, schaukelt in seinem Stuhl.

Gute Frage, sagt er und schweigt.

Na ja, sagt er endlich, wenn Gott Mathematiker ist, dann wohl einer, der seine Freude hat am Unvollkommenen, an der Abweichung vom Perfekten.

Was er damit meine, fragt der Besucher 219 339.

Na ja, was beim Urknall geschah, ist jedem Mathematiker ein Schrecknis.

Herr Landua lacht.

Eigentlich dürfte es die Welt nicht geben, verstehen Sie?

Nein, sagt 219 339.

Der Urknall, jenes Ereignis am Anfang, ohne das nichts wäre, geschah, wie der Mensch hochrechnet, vor 13 700 Millionen Jahren.

Vor 13 700 Millionen Jahren versammelte sich eine unvorstellbare Menge Energie auf allerwinzigstem Raum, der vielleicht nicht weiter war als der Hundertstel des Durchmessers eines Punktes auf dem Buchstaben i. Dann blähte sich dieser Punkt, als wäre er ein Ballon, zu kosmischen Dimensionen auf, undenkbar schnell, der Urknall war los. In weniger als dem billionsten Teil einer Sekunde wandelte sich diese Energie in Materie um, das Universum war gezeugt, ein Chaos aus Teilchen und Strahlen, noch sehr dicht und noch sehr heiß, milliardenfach heißer als das Innere unserer heutigen Sonne.

Schwere und flüchtige Materieteilchen zerfielen praktisch sofort in leichtere, stabile, in sogenannte Elektronen und in sogenannte Quarks, die sich zu Protonen und Neutronen ballten – Elektronen und Quarks sind der Rohstoff der Welt, der Sterne, der Erde, kein Leben ohne sie, kein Bewusstsein, keine Liebe, kein Hass.

Und während dreier Minuten nach dem Knall verschmolz ein Teil der Protonen und Neutronen zu leichten Atomkernen, aber erst 380 000 Jahre später, das All war nun kalt genug, entstanden erste vollständige Atome, Helium und Wasserstoff, als die positiv geladenen Kerne sich eine Hülle aus negativ geladenen Elektronen umlegten – Atome haben einen Kern, bestehend aus Protonen und Neutronen, die ihrerseits aus Quarks bestehen, und eine Hülle aus Elektronen. Sie können mir folgen?

Ich kann.

Die Atome, aus denen alles ist, sind im Wesentlichen leerer Raum, ein Vakuum von 99,9 Prozent, darin zuckend und zitternd ein paar Teilchen. Wäre ein Atom so groß wie ein Sportstadion, entspräche der Kern einer Erbse in der Mitte des Rasens, die Elektronen, zehntausend Mal kleiner, kreisten auf der Tribüne.

Gut und recht, Herr Landua, aber weshalb dürfte es die Welt nicht geben?

Landua lächelt.

Worin, Herr Landua, besteht also der Unfall, der uns machte?

Der, sagt er, kommt davon, dass beim Urknall, wie unsere mathematischen Modelle zeigen, nicht nur Teilchen entstanden, sondern auch Antiteilchen, jedem Teilchen entspricht sein Antiteilchen, besser gesagt, sein Komplementär- oder Spiegelteilchen, das genau so real ist, die gleiche Masse hat, die gleiche elektrische Ladung, nur umgekehrt, positiv statt negativ, negativ statt positiv.

Die berühmte Antimaterie, die Sie zur Romanleiche machte?

Landua grinst – Dr. Rolf Landua, Fachmann für Antimaterie bei der Europäischen Organisation für Kernforschung, der vor sechs Jahren einen Milliardstel eines Milliardstelgramms Antiwasserstoff herstellte, wird in *Illuminati*, dem Weltbeststeller des Dichters Dan Brown, Seite 15, grausam entleibt: *Er roch brennendes Fleisch, und es war sein eigenes. Um Gottes willen, nein!, schrie er auf. Doch es war zu spät.*
Richtig! Aber die Tatsache der Antimaterie war nicht der Unfall, der alles werden ließ.

Herr Landua, weiches gütiges Gesicht, schütteres Haar, schaut zum Fenster, Nebel liegt über dem Cern, Laub fällt von Pappeln, Landua reibt sich die Hände.

Materie und Antimaterie seien sich gewissermaßen feind, sie zerstörten sich gegenseitig, gingen, wenn sie sich begegneten, sofort in Strahlung auf. So. Und eigentlich, damals beim Urknall, hätten sich Materie und Antimaterie vollständig annihilieren sollen, müssen.

Aber dem war nicht so?, ahnt 219 339.

Dem war nicht so, sagt Landua, die Symmetrie, die wir meinen, war nicht vollkommen.

Deshalb gibt es uns?

Deshalb sind wir!, deshalb sind die Elefanten, die Seepferdchen, Viren, Bananen, Grapefruits, unser Sonnensystem, die Milchstraße, sämtliche Galaxien.

Jemand hat gepfuscht, sagt 219 339.

Wir sind das Produkt eines Symmetriebruchs, ja. Ein Teil der entstandenen Materie blieb beim Urknall ungelöscht, vielleicht ein Milliardstel. Und der reichte aus für Milliarden von Galaxien mit Milliarden von Sternen.

Wer ist schuld?

Das versuchen wir hier herauszufinden.

Gott?

Herr Landua schaukelt in seinem Möbel und schiebt die Unterlippe hoch.

Falls es ihn gibt, spricht er und lächelt fein, dann hatte er nach dem Urknall wenig Zeit dafür, eine 10^{-12} Sekunde lang. Kaffee?

Man wandert durch dunkle Flure, Gebäude 3, alte hölzerne Türen links und rechts, jede ächzend und mit Fenster, dahinter ein Rollladen, staubig, gelb. Der Boden, alter rissiger Kunststoff, glänzt und quietscht. Das Cern ist so betagt wie Dr. Rolf Landua, 54 Jahre, das Cern, wörtlich Europäischer Rat für Kernforschung, wurde 1954 von zwölf Ländern gegründet, um den Amerikanern in Sachen Kernphysik zu widerstehen. Heute sind ihm zwanzig Staaten angeschlossen, mit dreißig weiteren arbeitet es zusammen. 2500 Menschen sind am Cern beschäftigt, nur ein Zehntel davon forscht, 9000 Gastwissenschaftler aus 85 Ländern sind eingeschrieben, teilen sich 2000 Bürotische, manche blasen nachts eine Luftmatratze auf und schlafen neben dem Computer, vor Jahren, so das Gerücht, soll hier einer zu essen vergessen haben, sei schließlich an Skorbut verendet.

Ach, sagt Herr Landua, was wäre die Welt ohne Legenden?

Man wandert über Treppen, quert einen Hof und raschelt durch gelbes Laub, Route Democrite, Route Marie Curie, Route Einstein, Route Pauli, Route Wu, auf Vordächern wuchert schweres Moos, unberührt seit Jahrzehnten.

Hier!, sagt Herr Landua, unser eigenes Postbüro, unsere Bank, unser Kindergarten, die Krankenversicherung, das Reisebüro, das Cern hat drei Hotels, zwei Restaurants, ein Gelände so groß wie sechzig Fußballfelder.

Und jährlich eine Milliarde Schweizer Franken zur Verfügung, sagt der Besucher.

Das macht, zückt Herr Landua die Rechnung, pro Einwohner und Jahr nicht mehr als einen Euro fünfzig, weniger als eine Tasse Kaffee.

Dr. Rolf Landua, Experte für Antimaterie, schiebt einen Jeton in die Maschine, Kaffee schäumt, junge Menschen sitzen in einem weiten Saal an alten Tischen, Kunststoff auf Metall, und krümmen sich über ihre Geräte, reden und schweigen, die Welt hier ist wireless und ungeschönt, zwei Tagesgerichte stehen zur Wahl, Menü PROTON, Menü NEUTRON.

Und was war vor dem Urknall?

Landua schluckt Kaffee.

Kann aus Nichts etwas entstehen, Herr Landua?

Um ehrlich zu sein, er habe darauf keine Antwort, sagt Landua. Was andere nicht davon abhalte, sich mit der Frage zu beschäftigen. Das Modell des Russen Andrei Linde, zum Beispiel, gehe von einem eigentlichen Hyperraum aus, unser Universum sei darin nur eins von unzähligen, möglicherweise seien Trillionen von anderen Universen entstanden oder ständig am Entstehen, jedes mit eigenen Naturgesetzen.

Vielleicht, sagt Herr Landua, entstehen, während wir hier Kaffee trinken, ein paar Trillionen Universen pro Schluck.

Wann haben Sie zum letzten Mal geweint?

Herr Landua, von der Frage nicht überrascht, stellt die Tasse auf den Tisch: Als Teilchenphysiker steht man nicht über den Dingen des Alltags – falls Sie das meinen. Wenn meine sechzehnjährige Tochter am Morgen sagt: Der Toast ist schon wieder verbrannt, kannst du dich nicht mal konzentrieren, wenn du Frühstück machst? – dann nützt mir das Wissen um den Urknall nichts. Dann versuche ich es besser zu machen, das Ei noch schöner zu braten für meine Kleine, die Grapefruit noch schöner zu öffnen.

Landua lacht, dass es ihn schüttelt.

Aber, um Ihre Frage zu beantworten, zum letzten Mal geweint habe ich wohl, als meine Frau mich verließ.

Man steht auf und stellt die Tassen auf ein Förderband, wandert zurück ins Gebäude 3, fünf Röhren ziehen sich durch den Flur, grün, gelb, blau, violett, grau, alte Türen links und rechts, vor jeder ein Aktenkasten aus Metall, es ist warm und stickig im Cern.

Darf ich schnell?, fragt Herr Landua und ruft die neueste Post ab, schreibt flink drei E-Mails.

Auf dem hellen Tisch liegt Papier, darauf, von Hand geschrieben, mathematische Formeln, ein Rucksack steht neben Landuas Stuhl, eine Sporttasche, in der Ecke hängt seine braune Jacke, die Ellenbogen mit Leder verstärkt.

Herr Landua, wenn doch, wie Sie behaupten, die Atome zu fast hundert Prozent leerer Raum sind, wie kommt es dann, dass dort auf dem Dach Krähen stehen?, wie kommt es, dass das Dach und alles, was wir sehen, solid ist, kompakt, fester Gegenstand?

Herr Landua, die Hände im Genick, beginnt zu schaukeln.

Tatsächlich sei ein Atom fast vollkommen leer, weder die Quarks noch die Elektronen hätten, sagt Landua, eine messbare Ausdehnung. Der Grund dafür, dass uns die Gegenstände des Lebens als kompakt und solid erschienen, bestehe darin, dass die Elektronen, wie eine Hülle um den Atomkern gelegt, einen eigenen Drehimpuls besäßen, den sogenannten Spin. Elektronen seien, um es mal so zu sagen, antisozial – jedes Elektron schaffe sich sein eigenes Quartier und lasse dann kein anderes da hinein. Elektronen, sagt Landua, wollten sich nicht in die Quere kommen. Und weil sie dies nicht wollten, blieben sie einander fern. Also würden Atome sich nicht durchdringen.

Und deshalb fallen Sie nicht durch den Stuhl, auf dem Sie sitzen, und der Stuhl nicht durch den Beton, auf dem er steht, und der Beton nicht durch die Erde. Aber eigentlich, sagt Herr Landua, sind Sie ja wegen unserer neuen Maschine hier, nicht wahr?

Die Gottesmaschine, sagt 219 339.

Der LHC, sagt Dr. Rolf Landua.

Am 10. September 2008 um 10 Uhr 28, von aller Welt beobachtet, schickten Physiker der Europäischen Organisation für Kernforschung Cern, wenn auch nur zur Probe, erstmals Protonen, also Bestandteile von Atomkernen, in ihr neuestes Wunderwerk, LHC, Large Hadron Collider, die größte und aufwendigste Maschine, die Menschen bis anhin schufen, das stärkste Mikroskop auf Erden, aufgestellt in einem unterirdischen Tunnel, 100 bis 150 Meter tief in französischer und Schweizer Erde, der einen vollkommenen Kreis von beinahe 27 Kilometern Länge beschreibt. An vier Stellen weitet sich dieser Tunnel zu Kavernen, vier riesige Apparate stehen darin, hoch wie Kathedralen, sogenannte Detektoren, vergleichbar in ihrer Funktion mit Digitalkameras, jede ausgestattet mit Millionen von Sensoren.

Champagner floss und auch einige Tränen, als die Hauptprobe flott gelang. Die Panne, ein Kurzschluss, kam neun Tage später und legte das Gerät für Monate lahm.

Herr Landua sagt: Diese Protonen bewegen sich mit 99,9999991 Prozent der Lichtgeschwindigkeit im Kreis, 299 792 Kilometer pro Sekunde, und kollidieren schließlich genau dort, wo die Detektoren stehen, unsere Registriergetüme.

Aber weshalb heißt die Maschine, wenn sie doch Protonen zum Rasen bringt, Hadron Collider und nicht Proton Collider?

Weil man, sagt Landua, dereinst nicht nur Protonen, sondern auch sogenannte Schwerionen durch den Ring jagen werde, Bleikerne zum Beispiel. Hadron sei ein Begriff für alles, was aus Quarks bestehe, also Protonen, Neutronen, alle Atomkerne.

Und wie bringen Sie diese Teilchen auf Touren?

Im der Mitte des Tunnels, der seit Jahren schon bestehe, verliefen zwei enge Röhren, 27 Kilometer lang, darin, so weit wie möglich, herrsche Leere, ein Hochvakuum, wie es im Weltraum zu finden sei, nur noch eine Million Teilchen pro Kubikzentimeter, auf dass die Protonen, um die es ja gehe, auf ihrem Weg zum Experiment sich nicht mit Gasatomen aufhielten.

Durch diese zwei Röhren sausen also Protonen, sagt Herr Landua und schaukelt, 300 Billionen linksherum und 300 Billionen rechtsherum, verdichtet zu einem Strahl, der dünner ist als ein dünnstes Menschenhaar, und portioniert zu 2800 Paketen, alle zehn Meter eins, beschleunigt von einem elektrischen Wechselfeld.

Am besten denken Sie sich die Brandung eines Meeres, sagt Herr Landua aus seinem Kunstlederstuhl, eine Brandung, in der viele Wellenreiter gemeinsam auf einer riesigen Welle surfen und dabei immer schneller werden, am Schluss fast so schnell wie das Licht, schneller geht nicht.

In einer einzigen Sekunde bereisen die Protonen ihren Beschleuniger 11 245 Mal. Magnete, jeder 14,3 Meter lang und 35 Tonnen schwer, halten sie auf Kurs in der Mitte ihres Gefäßes. Diese Magnete, Spulen aus Niob und Titan, erfüllen ihr Werk erst, wenn sie sogenannt supraleitend sind, heruntergekühlt auf −271,3 Grad Celsius, nur 1,9 Grad über dem absoluten Nullpunkt. Dann erst fließt der Strom ohne Widerstand und breitet ein Magnetfeld aus, das rund

150 000 Mal stärker ist als das der Erde. Kühlmittel ist superflüssiges Helium – der neueste Teilchenbeschleuniger am Cern ist der größte und kälteste Kühlschrank hienieden.

Herr Landua fragt, ob er schnell dürfe, er dreht sich zum Schirm und liest die neueste Post und antwortet sofort. In seinem Rücken ein schmales Regal, *The trouble with physics, Die ersten drei Minuten, Mathematica, Einführung in den Buddhismus.*

Was möchten Sie noch wissen?, fragt Herr Landua und schaut auf die Uhr.

Zur Kollision der Protonen, dem eigentlichen Experiment, kommt es an vier verschiedenen Stellen des Rings.

An vier Stellen nämlich – wo die Detektoren sind, diese riesigen Messgeräte, zum Teil doppelt so schwer wie der Eiffelturm – reißen die beiden Röhren ab, und spezielle Magnete, genau dort angebracht, leiten jene Teilchen, die aus dem einen Strahlrohr schießen, übers Kreuz ins jeweils andere, bringen dabei, in einem Winkel von 1,5 Grad, die Protonen zur Havarie. 600 Millionen Mal in jeder Sekunde.

Und seit Einstein wisse man – $E = mc^2$, sagt Herr Landua.

Verstehe ich nicht, sagt der Besucher.

Energie kann sich in Materie umwandeln. Der LHC ist im Grunde eine Maschine, die auf kleinstem Raum hohe Energie konzentriert.

Urknallmäßig?

Wenn Sie so wollen – allerdings unendlich viele Male geringer und harmloser.

Alle 2800 Pakete des Protonenstrahls besitzen ungefähr die Gesamtenergie eines Autos, das mit der Geschwindigkeit von 1600 Kilometern in der Stunde unterwegs ist. Oder die eines Schnellzugs, 400 Tonnen schwer, mit 150 Kilometer pro Stunde auf den Schienen. Sie würde ausreichen, fast 500 Kilo Kupfer zu schmelzen.

Der Zusammenprall zweier einzelner Protonen im LHC entspricht zwar nur der Kollisionsenergie zweier Mücken, aber weil diese Energiemenge auf einem winzig kleinen Volumen konzentriert ist, entstehen dabei Temperaturen, die 100 000 Mal höher sind als die im Innern der Sonne.

Sie simulieren den Urknall!

Sagen wir es so, sagt Herr Landua und lächelt fein – mit Beobachtung und mathematischen Modellen denken wir uns an den Urknall heran.

Sie entgotten den Urknall!

Gehen wir essen?

Man setzt sich in Herrn Landuas grauen Chrysler Voyager SE und fährt durch den Herbst, in der Kantine des Cern hält Dr. Rolf Landua die tägliche Speisung nicht aus, zu viele Menschen auf zu kleinem Raum, zu groß die Masse. Mit Vorsicht steuert er seinen Wagen in die Tiefgarage des Einkaufszentrums Balexert, man steigt zwei Rolltreppen hoch, greift sich ein Tablett, Self Service, und schöpft in einen Teller, wonach es einen gelüstet, gemeine Bratkartoffeln und Gulasch, ein großes Glas Wasser, schließlich stellt man sich in eine Schlange, den Geldbeutel in der Hand, wartet, wartet.

Was ist Zeit?

Zeit, sagt Herr Landua, sei ein kompliziertes Konzept, noch von keinem wirklich begriffen.

Er stellt das Gulasch auf eine Waage, dann den Salat, die Kassenfrau nennt eine Zahl.

Zeit ist Veränderung. Gäbe es keine Veränderung, gäbe es keine Zeit.

Man bezahlt und irrt, die Zehrung vor sich, durch den

Raum, findet endlich einen freien Tisch und setzt sich daran.

Was hat die Maschine denn gekostet?, fragt 219 339.

Landua blickt vom Gulasch auf: Fast fünf Milliarden Franken. Drei Milliarden Euro.

Ist das gerechtfertigt?

Ohne Frage!, sagt Dr. Rolf Landua im Restaurant des Supermarkts am Rand von Genf. Zwar spiele es dem Individuum, auf den Alltag bezogen, keine Rolle, ob es auf einer Scheibe kreuche oder auf einer Kugel. Aber die Menschheit sei es sich gleichsam schuldig, ihr Wissen ständig zu mehren, ein kulturelles Gebot. In die Grundlagenforschung zu investieren, sagt Herr Landua, habe sich stets gelohnt. So manches medizinische Gerät, Röntgen, Laser, Tomografie, wäre sonst nie entstanden, auch das World Wide Web nicht, am Cern zu Genf erdacht.

Landua, die Gabel in der Hand, sagt: Was der LHC uns bringt, wissen wir nicht. Aber unsere Erwartungen und Hoffnungen sind groß, an der Schwelle zur Euphorie.

Er lächelt, drückt einige Tasten am neuen iPhone und liest seine Einkaufsliste.

Er müsse, sagt Herr Landua fast schüchtern, nach dem Mahl noch in den Laden, Bananen holen für die Jüngere und Strohhalme für die Ältere, die, ihre neueste Marotte, Flüssiges nur noch per Strohhalm aufnehme, und Alufolie für die Küche.

Und wenn nichts entsteht von all den Dingen, die Sie sich wünschen – Herr Landua, was dann?

Dann wissen wir, dass unsere Modelle falsch waren oder mangelhaft. Dass wir in andere Richtung suchen müssen. Aber anyway, der LHC eröffnet uns einen Blick ins Universum, wie es kurz nach dem Urknall war. Wir werden vermutlich Teilchen sehen, die es nur damals gab, vor 13 700 Millionen Jahren, eine Billionstelsekunde lang.

Was haben Sie davon?

Erkenntnis! Wissen!

Glück?

Ja, Wissen ist Glück, wissen macht glücklich.

Auf der Liste der Dinge, die die Fahnder des Cern sich von ihrem Mikroskop ersehnen, steht zuoberst das Higgsteilchen.

Das Higgsteilchen ist gleichsam der letzte Ziegel des sogenannten Standardmodells der Teilchenphysik, ein mathematisches Gerippe, das die Bausteine aller Materie und die Kräfte beschreibt, die zwischen diesen Bausteinen wirken. Doch die Theorie hatte ein Leck – sie vermochte nicht zu erhellen, weshalb die Materie eine Masse hat, weshalb also die Dinge unserer Welt schwer sind und weshalb gewisse Teilchen schwerer als andere. Deshalb nahm der schottische Physiker Peter Higgs vor vierzig Jahren an, es müsse ein weiteres, bisher unbekanntes Elementarteilchen existieren, experimentell noch nie nachgewiesen, das allen Dingen des Universums Masse verleiht und damit Gewicht. Viele andere Sachen stehen noch auf der Wunschliste der Genfer, auch sogenannte supersymmetrische Teilchen, möglicherweise der Stoff jener dunklen Materie, die, laut Theorie, alle Galaxien, auch unsere Milchstraße, deren Teil die Erde ist, wie gigantische Kugeln umschließt.

Die Masse unseres Universums besteht zu 96 Prozent aus Dingen, die wir nicht verstehen, aus dunkler Materie und aus dunkler Energie, sagt Herr Landua am Mittagstisch im Supermarkt. Der LHC wird uns helfen, darüber endlich mehr zu erfahren.

Was ist dunkle Energie?

Eine Art Antigravitation, sagt Landua, eine Kraft, die wohl bewirkt, dass sich die Ausdehnung des Universums seit einigen Milliarden Jahren wieder beschleunigt, dass das Universum sich ständig weitet. Mit ungeheurer Geschwindigkeit entfernen sich die Sterne voneinander, die Galaxien, immer schneller, immer schneller.

Schließlich kauft man drei Bananen für die Jüngere, Strohhalme für die Ältere, Alufolie für die Küche, Rolf Landua ist Vater von drei Kindern, die bei ihm wohnen, täglich steht er kurz vor sieben Uhr auf, tritt dreimal in ihre Zimmer, bis sie wach sind, stellt sich dann in die Küche und macht Frühstück, Zucker auf die Grapefruit, aber nicht zu viel, das Ei over easy, aber nicht zu lange.

Gibt es eine Weltformel?

Herr Landua legt die Waren auf das Förderband, packt sie in eine Tüte, die Kassenfrau nennt eine Zahl.

Ansätze zu einer Weltformel, zu einer Theorie von allem, gibt es längst, die Superstringtheorie. Die beschreibt alle Teilchen und Feldquanten – Feldquanten sind Teilchen, die für die Übertragung von Kräften zuständig sind – als winzige eindimensionale vibrierende Fäden von unvorstellbarer Feinheit, 10^{-35} Meter. Verschiedene Schwingungszustände dieser Energiefäden entsprechen, so die Theorie, verschiedenen Elementarteilchen. Aber die Theorie glänzt ohne Widerspruch nur, wenn wir uns einen neundimensionalen Raum denken, in dem diese Fäden sich tummeln. Und sechs dieser neun Dimensionen sind während des Urknalls auf einen minimalsten Durchmesser zusammengerollt oder zusammengestaucht worden, vergleichbar einem Auto, das, wenn es in der Schrottpresse steckt, von drei auf praktisch zwei Dimensionen verformt wird – können Sie folgen?

Nein, sagt der Besucher Nummer 219 339, aber das macht nichts.

Im Chrysler Voyager SE, mit Gurten an die Sitze gefesselt, fährt man zurück zum Cern, Nebel drückt das Land, Laub raschelt, Route Bakker, Route Becquerel, alte Türen links und rechts, Herr Landua liest seine Post.

Glauben Sie an Gott, Rolf Landua?

Gott, sagt Landua, erkenne er, wenn überhaupt, vielleicht in den Gesetzen der Physik, der Natur. Der Mensch, zum Beispiel, könne nicht fliegen, weil die Gravitation ihn nicht fliegen lasse. Und demnach, nach seiner persönlichen Vorstellung, laute Gottes erstes Gebot: Du sollst nicht fliegen.

Dr. Landua lacht laut.

Aber Sie möchten, dass es ihn gibt?

Wenn er mir erzählt, wie alles wurde und ist, sagt Herr Landua und schaukelt froh in seinem Stuhl.

Und falls es ihn gibt, was hat er vor mit dieser Welt?

Am derzeitigen Ende der Entwicklung, die mit dem Urknall vor 13 700 Millionen begann, steht das Bewusstsein des Menschen – meiner Ansicht nach, falls wir überleben, werden wir eine Art Gesamtintelligenz entwickeln, vielleicht. Vielleicht spielt der einzelne Mensch irgendwann in gewisser Weise die Rolle eines Neurons in einem großen Ganzen. Niemand ist mehr fähig, allein alles zu verstehen. Man vernetzt sich zu einem riesigen Menschheitsgehirn.

Ähnliches, sagt er, geschehe ja bereits hier am Cern. Die Datenmenge, die man gewinne, wenn Protonen kollidierten, 600 Millionen Mal in jeder Sekunde, werde nur kollektiv zu begreifen sein, selbst wenn Hunderte von Computern eine Vorauswahl träfen. Die Daten, um sie zu verarbeiten, würden auf Hunderttausende von Computern in aller Welt verteilt werden, Tausende von Wissenschaftlern und Doktoranden würden dann, wenn die Maschine in zwei, drei Jahren erste Messungen liefere, kollektiv versuchen, sich ein Bild davon zu machen, was war, was ist.

Sind Sie glücklich, Rolf Landua?

Ich glaube, ich habe das Talent dazu.

Er schweigt, dreht sich zu seinen Bildschirmen, zu den Büchern an der Wand, *Elementarteilchen und inflationärer Kosmos*, *The Da Vinci Code* von Dan Brown, unterstes Brett, und stopft dann die Bananen für die Jüngere, die Strohhalme für die Ältere in den Rucksack. Manchmal, wenn ihn die Töchter vom Sofa stoßen, weil in der Glotze gerade die neueste Folge ansteht, denkt sich Dr. rer. nat. Rolf Landua die Geschichte der Welt als Fernsehserie, 137 Folgen. Jede, hundert Minuten lang, erzählt, was im Lauf von hundert Millionen Jahren geschah. In Folge 1, im ersten Bild, ist der Urknall zu sehen, in Folge 4 leuchten bereits erste Sterne, in Folge 82 das Sonnensystem, Staub verklebt zu einer Kugel, die Erde. In Folge 132 gedeihen erste Pflanzen und Tiere, und in Folge 137, zwei Sekunden vor dem Ende der Soap, erreicht der Homo sapiens Europa, und er, Rolf Landua, geboren am 17. Oktober 1954 in Wiesbaden, von Undenkbarem entzündet, seit er denken kann, spielt im allerletzten Bild eine kleine Rolle ganz am Schluss, nicht länger als eine Hundertstelsekunde, ein Wimpernschlag, ein halber.

Was möchten Sie noch wissen?

Wie sieht ein Quark aus?, fragt 219 339.

Keine Ahnung, ehrlich, sagt Herr Landua.

Druckhinweis

Zweihundertsechzig Tage, in: *DATUM*, November 2012

Eigentlich eine Liebesgeschichte, in: *REPORTAGEN*, Oktober 2011

Das Ende der Scham, in: *Magazin SonntagsBlick*, 8. 4. 2007

Jenseits von Kreuz und Kragen, in: *Stern*, 5. 6. 2012

Puccini statt Pralinen, in: *REPORTAGEN*, Februar 2012

Waterloo, Austerlitz, in: *DIE ZEIT*, 31. 3. 2005

Der Tunnel der Erkenntnis, in: *DIE ZEIT*, 22. 10. 2009

Straße der Erlösung, in: *ZEITmagazin*, 30. 12. 2009

Mit keiner Menschenseele, in: *Das Magazin*, 2. 2. 2002

Niemandsmenschen, in: *Das Magazin*, 10. 11. 2007

Inhalt